# NARCAS

# NARCAS

## A ascensão secreta das mulheres nos cartéis de drogas da América Latina

**DEBORAH BONELLO**

Tradução:
Carolina Candido

Planeta

Título original: *Narcas: The Secret Rise of Women in Latin America's Cartels*

*Preparação:* Ana Maria Fiorini
*Revisão:* Gleice Couto, Valquíria Matiolli e Matheus de Sá
*Projeto gráfico e diagramação:* Negrito Produção Editorial
*Capa:* Renata Spolidoro
*Imagens de capa:* Tanya Gramatikova/Trevillion Images; Pxhere/Rawpixel; Wikimedia Commons/Rawpixel.

Dados Internacionais de Catalogação na Publicação (CIP)
Angélica Ilacqua CRB-8/7057

Bonello, Deborah
Narcas / Deborah Bonello ; tradução de Carolina Candido. – São Paulo : Planeta do Brasil, 2025.
208 p.

ISBN 978-85-422-2992-9
Título original: Narcas

1. Crime organizado 2. Mulheres I. Título II. Candido, Carol

24-5329 CDD 345.03

Índice para catálogo sistemático:
1. Crime organizado

MISTO
Papel | Apoiando o manejo florestal responsável
FSC® C112738

Ao escolher este livro, você está apoiando o manejo responsável das florestas do mundo

2025
Todos os direitos desta edição reservados à
Editora Planeta do Brasil Ltda.
Rua Bela Cintra 986, 4º andar – Consolação
São Paulo – SP – 01415-002
www.planetadelivros.com.br
faleconosco@editoraplaneta.com.br

# SUMÁRIO

# NOTA DA AUTORA

A pesquisa para este livro foi baseada em um palpite e, para ser sincera, em um incômodo sobre a forma como as mulheres são representadas no crime organizado. Tanto o palpite quanto o incômodo compensaram, e a maior parte da minha pesquisa se baseia em três fontes principais de reportagem: entrevistas com mulheres – e homens – do mundo do crime, assim como com especialistas e policiais; documentos judiciais descrevendo casos no sistema de justiça dos Estados Unidos; e, por fim, relatórios de terceiros e estatísticas do governo, quando foi possível encontrá-los.

Não posso afirmar que meus métodos sejam extremamente científicos em comparação com aqueles usados na pesquisa acadêmica, e a ênfase foi maior em dados qualitativos do que quantitativos. Combinar descobertas dos dois tipos serviu para confirmar que meu palpite – de que há muito mais mulheres em muito mais funções de liderança do que a maioria da literatura e da cobertura existentes nos faz acreditar – estava certo. Minhas descobertas vão muito além do anedótico.

Não peço desculpas por isso – sou jornalista, não cientista social ou estatística. Meu propósito ao escrever este livro foi criar histórias convincentes e novas narrativas, assim como compartilhar minhas próprias histórias e experiências, em um campo no qual papéis de gênero ultrapassados ainda dominam.

Devido à natureza da reportagem, muitas das características determinantes e nomes das pessoas que entrevistei foram alterados ou omitidos para garantir sua segurança depois do lançamento do livro. É uma concessão que estou sempre disposta a fazer àqueles que aceitam compartilhar suas histórias e experiências comigo, e espero que você confie em mim o suficiente para saber que irei transmitir essas histórias de maneira justa e precisa, mesmo deixando algumas vezes de revelar quem são as pessoas por trás delas.

# INTRODUÇÃO

Sozinha na frente de uma sala de audiências em Chicago, Guadalupe Fernández Valencia vestia o macacão laranja da prisão. O cabelo castanho-claro com mechas grisalhas estava preso em um rabo de cavalo apertado na nuca. Não usava maquiagem. Tinha 60 anos.

— Quero aproveitar esta oportunidade para pedir perdão aos meus filhos e à minha família — disse Guadalupe.

Era agosto de 2021, e ela estava prestes a ser condenada por uma série de graves acusações de tráfico de drogas, incluindo conspiração para transportar e distribuir, e lavagem de dinheiro.[1]

Guadalupe passou mais de três décadas envolvida no negócio das drogas, trabalhando para Joaquín "El Chapo" Guzmán, o chefão da droga mais famoso do mundo, e seu Cartel de Sinaloa. Ela é, até hoje, a operadora mulher de mais alto escalão do Cartel de Sinaloa a se tornar conhecida pelo público geral.

Quando El Chapo foi condenado por uma corte em Nova York em fevereiro de 2019, foi o clímax do caso de crime organizado com maior visibilidade da minha geração. Durante o julgamento dele, os repórteres tinham que chegar às três ou quatro da manhã para conseguir um lugar no tribunal para acompanhar o processo. As aventuras de El Chapo – e as de muitos outros traficantes do sexo masculino – serviram de inspiração para filmes de Hollywood, séries da Netflix e inúmeros livros e romances. Isso aconteceu com poucas mulheres.

Então, quando analisei a denúncia que fez El Chapo ser pego, uma denúncia na qual a única mulher era Guadalupe, me dei conta de quanto a história dela é desconhecida para o mundo. Uma rápida pesquisa no Google revelou a cobertura de sua confissão, mas pouca coisa além disso. Na história do narcotráfico, o foco do público está quase sempre nos protagonistas homens.

Ainda assim, Guadalupe, conhecida como "La Patrona" (expressão em espanhol para uma chefona, A Patroa), teve uma carreira criminosa que correu de forma paralela à de El Chapo. Ela foi presa no México apenas um mês após ele ser capturado pela última vez.

Enquanto esperava pela sentença no banco dos réus, me pergunto se ela pensou nas montanhas verdes e se lembrou do ar puro de casa para se acalmar. O cheiro da lenha queimando de manhã. Será que as lembranças de Michoacán, o úmido estado no sul do México onde ela nasceu, a tranquilizaram naquele momento difícil? Com certeza, quaisquer lembranças felizes de sua infância foram arruinadas quando os chefões do crime se mudaram para seu estado natal ainda durante sua adolescência. Plantações de papoula e maconha nas pitorescas montanhas de Michoacán foram saqueadas. Controlando o preço da pasta de papoula, transformaram os humildes agricultores da região em reféns, e estes não tiveram outra escolha a não ser aceitar. Quem tentava se defender era silenciado ou cooptado.

As gangues acabaram por tomar aldeias inteiras como a dela, muitas vezes abusando das mulheres mais jovens das comunidades. Eles cresceriam e passariam a dominar não apenas a lucrativa produção de heroína e metanfetamina, mas também as minas de minérios e ouro espalhadas pelo estado, bem como as indústrias de abacate e limão.

Guadalupe conseguiu escapar deles por um tempo ao se mudar para os Estados Unidos, como milhões de compatriotas antes dela. Mas, agora, lá estava ela - era um deles. Os chefes para os quais trabalhara lideravam um empreendimento multinacional de bilhões de dólares que tinha braços em todas as partes do globo. Não é que dominassem um único estado mexicano: eram a maior organização criminosa do mundo.

— Queria encontrar as palavras certas para convencer vocês de quanto lamento — disse Guadalupe à juíza Sharon Johnson Coleman no tribunal de Chicago.

La Patrona foi condenada a dez anos de prisão, sete dos quais ela já havia cumprido.

Mas El Chapo foi condenado à prisão perpétua. Algumas das evidências "substanciais", de acordo com os promotores dos Estados Unidos, que acabaram por colocá-lo atrás das grades depois de uma carreira criminosa de mais de quatro décadas, vieram de Guadalupe.[2]

Durante o tempo em que trabalhou com o Cartel de Sinaloa, Guadalupe atuou em conjunto com Jesús Alfredo Guzmán Salazar, conhecido como Alfredillo, um dos filhos de El Chapo.[3] O nome dele está no mesmo registro de ocorrências de Guadalupe e do pai dele, mas Jesús continua foragido. Documentos judiciais descrevem Guadalupe como "tenente" de Jesús. Eles trabalhavam juntos em todo o processo de distribuição de drogas, do início ao fim, e, de acordo com os promotores, ela era parte fundamental da organização.[4] Seu papel crucial no cartel torna ainda mais curioso o fato de ela ser tão desconhecida. Quando eu, como narconerd dedicada que sou, ouvi falar dela pela primeira vez, fiquei com a curiosidade aguçada.

Na época, eu já vinha fazendo reportagens na América Latina por mais de uma década, com foco principal no crime organizado. Acabei me tornando parte de um grupo cada vez maior de mulheres que documentam o tráfico de drogas - sua dinâmica e seus protagonistas. Boa parte da cobertura de questões ligadas ao narcotráfico em geral foi dominada por escritores homens e narrativas machistas. A maneira como essas histórias são contadas - homens como vitimizadores e mulheres como vítimas - parece excessivamente ancorada em estereótipos de gênero, e também em uma incapacidade inconsciente de ver essas dinâmicas como algo diferente disso. Quando a história de Guadalupe Fernández Valencia inspirou a ideia para este livro, me veio um palpite de que essa forma de ver o tráfico era tão unidimensional que não poderia ser verdadeira, mas eu sabia que precisava cavar mais fundo para provar isso. Não me interessava encontrar as versões femininas dos machos *cabrones* (machos imbecis e durões) que vemos com frequência nas representações midiáticas dos cartéis. Em vez disso, eu queria entender como o poder das mulheres se manifesta nesse contexto para além de sua justaposição ao dos homens.

Em uma visita ao Mob Museum em Las Vegas para dar uma palestra sobre o trabalho investigativo para este livro, em junho de 2022, me vi de frente para uma parede decorada com os rostos dos "100 Anos de Homens Feitos e Seus Associados". Devia haver cem homens pendurados naquela parede e só quatro mulheres. Foi um lembrete impressionante de como os rostos femininos foram invisibilizados ao longo dos anos no crime organizado. Amigos meus que escreveram livros sobre o narcotráfico me disseram sem pudor algum que quase não há mulheres em suas obras, admitindo que talvez tenham deixado alguma coisa passar. Também me lembro de ter ouvido em diversas ocasiões durante o trabalho de campo, enquanto cobria parte da violência praticada por cartéis de drogas contra comunidades - algumas delas já com uma enorme barriga de grávida -, que provavelmente seria melhor eu ir para casa.

Agora me parece o momento certo para falar a respeito do verdadeiro, corajoso e inesperado papel que as mulheres desempenham no crime organizado. Personagens como Wendy Byrde, Ruth Langmore e Darlene Snell na série da Netflix *Ozark* e Polly Gray em *Peaky Blinders* estão mudando as narrativas sobre as mulheres que trabalham em negócios criminosos, acrescentando nuances e cores que vão contra os clichês. Mulheres como Megan Rapinoe despontaram como ícones e defensoras da causa em esportes historicamente masculinos. O movimento #MeToo está acabando com décadas de normalização dos abusos que as mulheres sofrem de homens nos corredores do poder, por meio das vozes de mulheres que continuam a sair das sombras.

Todas essas dinâmicas parecem conectadas com o que descobri sobre mulheres nas fileiras do crime organizado. A maioria das mulheres com visibilidade no narcotráfico são as esposas ou namoradas dos traficantes, altamente sexualizadas. A pouca cobertura que recebem tende a focar os seus atrativos sexuais e as suas ligações com os traficantes homens, e não o poder delas nos negócios, resultando na mensagem de que, se não forem atraentes, não merecem ser investigadas ou receber atenção.

Emma Coronel, a esposa bem mais nova e muito mais glamurosa de Guzmán, é a personificação dessa dinâmica. Ela foi presença constante no julgamento do marido e também apareceu no *reality Cartel Crew*, do canal VH1, bebendo champanhe e conversando com familiares de outros traficantes sobre como criar uma marca a partir do legado criminoso do marido. Ela acabou sendo presa durante uma visita a Washington, D.C., no começo de 2021.

Os promotores alegaram que ela fazia parte de um plano para tirar o marido da cadeia pela terceira vez antes de ele ser extraditado para os Estados Unidos para o julgamento. Eles também alegaram que ela sabia das suas atividades no tráfico de drogas e a origem dos lucros auferidos. Ela era uma facilitadora, a clássica mulher de traficante. Emma por fim se entregou e recebeu uma pena relativamente leve, apesar de todos os crimes dos quais foi acusada.[5]

As ligações familiares ou românticas das mulheres no narcotráfico são com frequência usadas para minimizá-las ou marginalizá-las como protagonistas. O papel de Emma como esposa de El Chapo é um ótimo exemplo. A lógica aparentemente é a de que as mulheres estão lá por serem esposas, ou amantes, ou irmãs, ou filhas de alguém. Mas os homens também entram nos negócios graças aos seus vínculos familiares – a maioria dos negócios do crime organizado são familiares –, e, ainda assim, a influência deles é com frequência vista como maior ou mais importante, fruto da sua virilidade, e não das suas conexões familiares. Esses laços de sangue ou de amor nunca são usados para explicar a presença deles da mesma forma que são utilizados para explicar a de mulheres.

Há então o outro tipo de mulher mais visível no crime organizado: as vítimas. Mães solteiras empobrecidas, obrigadas a vender ou contrabandear para sustentar a família, ou mulheres coagidas a armar emboscadas e a matar. Mulheres traficadas para ofícios que prefeririam não fazer. As prisões da região são o lar de milhares de mulheres nessas condições, que recebem longas sentenças por crimes relativamente pequenos.

Mas, ao analisar o binarismo na caracterização das mulheres do narcotráfico como esposas ou vítimas, comecei a ver muito mais que isso. Vi mulheres como protagonistas e tomadoras de decisões no submundo do crime e do tráfico de drogas. Vi mulheres em papéis nos quais suas conexões românticas ou familiares ficavam em segundo plano. Mulheres como Guadalupe e as outras protagonistas deste livro. Mulheres em gangues na América Central. Mulheres operando esquemas de extorsão. Mulheres envolvidas no *narcomenudeo* (o comércio de drogas que acontece nas ruas). Em toda a América Latina, a população feminina atrás das grades por contravenções relacionadas ao crime organizado dobrou durante a última década. No México e na Colômbia – os maiores centros de distribuição de drogas na região –, o aumento de prisioneiras mulheres foi maior.[6]

Comecei a me perguntar se, de alguma forma, as mulheres estavam se empoderando nas sombras do tráfico de drogas, mesmo com uma cultura regional que faz de tudo para contê-las. Talvez alguma delas vejam uma chance de crescer por meio de uma hierarquia, apesar da moralidade questionável do mundo do tráfico. Talvez as mulheres no crime organizado estejam irrompendo para dar ordens em vez de só recebê-las. Também me perguntei se as tendências que eu via eram novas – ou se a cobertura jornalística do tráfico de drogas não estava conseguindo, ou não desejava, vê-las.

Por meio das minhas reportagens, pude perceber que o contexto do envolvimento das mulheres no tráfico de drogas na América Latina tem mudado, em linha com o aumento da participação feminina na vida econômica e social. Algumas mulheres veem a chance de participar de atividades criminosas como uma forma de ter uma carreira, com a possibilidade de ganhar dinheiro, poder, influência e *status*. Para muitas delas, os obstáculos para o sucesso profissional seguem desanimadores. Algumas das quais falarei neste livro têm origem humilde e vieram da pobreza. O fato de terem precisado infringir a lei para conseguir alcançar seus objetivos profissionais é um reflexo de muitas coisas – desde características pessoais suas até as limitadas opções que tiveram para progredir e alcançar o poder na esfera profissional convencional.

Mas enxergar o papel delas como um simples reflexo da necessidade é tirar das mulheres seu arbítrio, reduzindo-as a meros peões em um jogo masculino. O patriarcado dos cartéis parece muito real, mas presumir que as mulheres não têm capacidade para a violência ou sede de poder e *status* é só mais um estereótipo de gênero limitante que não compreende e subestima grosseiramente as mulheres e seu papel na ordem social.

---

"Brenda" cumpria uma sentença de cinquenta anos quando nos conhecemos na prisão de Pavón, na Cidade da Guatemala. Ela me disse que gostava de comandar uma quadrilha de sequestros que acabou por colocá-la atrás das grades. Ela me garantiu que não precisou se envolver com o crime por necessidades econômicas. Antes de ser assassinado, seu marido transportava drogas, e deixou dinheiro o bastante para que ela cuidasse de si e dos três filhos.

— Foi por curiosidade — disse ela. — Eu queria saber qual era a sensação. Queria sentir que corria risco de vida. Gostava do perigo.[7]

Quando conversamos, ela tinha 54 anos e estava presa havia vinte. Tinha a esperança de sair dali em até cinco anos por bom comportamento.

Uma das colegas de presídio de Brenda em Pavón também conversou comigo. A história dela era bem diferente. Gloria, de 46 anos, me contou que um dia um homem levou uma senhora mais velha vendada até a casa dela, onde ela alugava quartos. Ele pagou por um quarto para a mulher, dizendo que era a sogra dele, e pediu que Gloria cuidasse dela. O "genro" contou para Gloria que a mulher tinha passado por uma cirurgia ocular havia pouco tempo. Gloria alimentou e deu banho na mulher, que nunca tirava a venda.

Alguns dias depois, a polícia bateu à sua porta, resgatou a mulher, que na verdade era uma refém, e acusou Gloria de sequestrá-la.

— Eu costumava dar banho nela e comida, mas ela nunca me disse nada, porque pensava que eu era uma deles — disse Gloria, que afirmou não fazer ideia de que sua hóspede era uma refém.[8]

A história de Gloria se encaixa no estereótipo de mulheres que podem ser enganadas ou forçadas a entrar para o crime organizado pelos homens. Mas a história de Brenda me parece tão notável e verdadeira quanto - e com uma narrativa nova. Brenda estava assumindo sua decisão de entrar para o ramo dos sequestros - não estava dizendo a si mesma nem para ninguém que não tivera outra escolha.

— Acho que a maioria de nós aqui sabia o que estava fazendo — disse ela a respeito das outras presas. — Nunca coloquei a culpa em mais ninguém, só em mim mesma. Assumo minhas más ações.

Conversei também com Maria, que conheci por intermédio de um amigo em comum em Tepito, um bairro humilde na Cidade do México. Enquanto conversávamos, homens em uma academia ao ar livre próxima levantavam pesos e exibiam seus músculos uns para os outros.

Maria me contou que ainda era bem jovem quando começou a traficar armas. Um dia, a mãe dela, chefe do esquema de contrabando de armas, ficou doente e não conseguiu ir receber uma carga comprada nos Estados Unidos e que estava sendo contrabandeada na fronteira com o México. Ela então enviou Maria, que contou que agora também vende armas para os cartéis e para residentes locais há quase vinte anos. Ela está preparando a filha de 16 anos para fazer o mesmo.[9]

— Eu adorei a adrenalina. Adorei ter que ficar alerta o tempo todo — Maria me contou sobre a primeira vez que foi buscar armas no estado de Tamaulipas, no norte do México, fronteira com o Texas.

Ela disse que o filho não quis se juntar à rede matriarcal de contrabando de armas.

---

Num domingo de manhã cedo, em maio de 2021, Abel Jacobo Miller me levou para os subúrbios da cidade de Culiácan, capital de Sinaloa, debaixo de um sol já escaldante. Ele me entregou uma pistola Glock e me mandou atirar. Tendo crescido no Reino Unido, onde a maioria das armas é ilegal para a maior parte das pessoas, eu nunca tinha usado um revólver. Quando disparei, minhas mãos e meus braços tremeram por causa do impacto do tiro. Mas eu sabia que, quanto mais praticasse, melhor ficaria.

No submundo do crime, as armas de fogo são as preferidas e estão por toda parte, e isso contribuiu para colocar homens e mulheres em pé de igualdade. É pouco comum que os conflitos sejam resolvidos no braço, mas sim com armamentos militares e técnicas que podem ser dominadas por todos os gêneros.

— Uma mulher de 60 quilos não consegue enfrentar um homem de 90 no braço. Mas com um revólver... com um revólver somos iguais — contou Jacobo Miller, que ensina defesa pessoal e dá aulas de tiro para mulheres em sua cidade natal.

Ele conversava com outras mulheres no campo de treinamento de tiro naquele dia, que pareciam capazes de manejar uma arma muito melhor do que eu.[10]

— Eu trabalho com elas para tirar o *chip* [que diz a elas] que são vulneráveis. Que são vítimas — me contou mais tarde o pai de três filhas. — Mulheres são tão ameaçadoras quanto homens. Elas só precisam entender isso sobre si mesmas.[11]

Uma das mulheres sob sua tutela naquele dia era uma contadora de 45 anos chamada Tessa, habitante de Culiacán durante toda a vida. Era também a primeira vez dela usando uma arma.

— Eu gostei — disse. — No começo estava nervosa, não sabia como meu corpo iria reagir, mas depois me senti bem atirando, e foi ficando cada vez mais fácil.[12] Eu queria ter a confiança necessária para isso — contou. — Do jeito que as coisas estão, com tanta violência, não se pode sentir medo. Agora a questão é a segurança e nos protegermos.

Em minhas viagens investigativas na última década, apurando desde violência de gangues e extorsão até o tráfico de fentanil, entrevistar mulheres foi ficando cada vez mais comum. E suas histórias são repletas de nuances. Elas estão quebrando a barreira das expectativas de gênero para garantir seu lugar no crime organizado, um lugar criado por elas próprias. Por intermédio de promotores americanos que as denunciaram e de advogados que as defenderam, descobri que muitas usam o véu do estereótipo de gênero para passarem despercebidas. Mulheres estão se escondendo atrás do estereótipo da menina comportada, incapaz de fazer o mal, para fazerem justamente isto, o mal. Elas se tornam mulas de drogas, assassinas e lavadoras de dinheiro. Vendem drogas nas ruas e "engolem" pacotes. Traficam armas. Sequestram. Extorquem.

Muitas das minhas entrevistadas também eram, ou ainda são, policiais ou políticas eleitas. Esses dois tipos de atores podem ser facilitadores fundamentais para traficantes de drogas e para o crime organizado na América Latina, mesmo quando parecem combater o comércio ilegal de narcóticos. Eles estão envolvidos das mais variadas formas: desde aceitar propina para proteger e facilitar as atividades de criminosos até taxar traficantes para que estes possam operar nos seus territórios, e chegam até mesmo a fazer parte do narcotráfico. Em todos os países latino-americanos, autoridades de todos os níveis entram em conluio com o narcotráfico. Para as mulheres presentes neste livro, manter relações com funcionários do alto escalão é crucial para suas operações de tráfico de drogas e para as organizações com as quais elas trabalham.

Existem algumas coisas em comum entre as *patronas* que retrato aqui. A maioria delas entrou para os negócios já com uma idade mais avançada. Suas organizações são com frequência baseadas no clã e envolvem maridos, filhos, primos e outros membros da família. Muitas têm origem humilde, pouca educação formal e poucas oportunidades de trabalho regularizado. Algumas cresceram em ambientes violentos, e com frequência elas mesmas eram violentas. Como membros do narcotráfico, se elas não puxam o gatilho, outros o fazem por elas. E, por fim, muitas gostam do poder e da adrenalina que esse negócio proporciona.

E, o mais importante, essas mulheres estão conectadas umas com as outras. Algumas delas têm relações mais próximas e trabalham juntas para traficar as drogas e movimentar os lucros. Outras estão ligadas por causa das relações entre as organizações para as quais elas trabalham. E, quanto mais eu procurava, mais encontrava mulheres trabalhando nas fileiras do crime organizado. Assim como os homens, elas estão presentes em todas as partes da cadeia de produção. Mas, infelizmente, existem poucas pesquisas com dados atualizados sobre o papel das mulheres no narcotráfico. Sempre me pergunto se isso é um reflexo de como muitas das pessoas que documentam o crime organizado veem esse assunto, seja na academia, seja na mídia. Os homens são a maioria, e me questiono: eles prestam mais atenção nos homens presentes na sala em virtude dos seus vieses ao reportar uma história? Se eles não perguntam sobre as mulheres e os papéis que elas desempenham no narcotráfico, isso sugere que eles estão supondo que esses papéis são irrelevantes. Olhando por essa lente, os narcotraficantes são, por definição, homens. Pablo Escobar. El Chapo. John Gotti. Al Capone.

---

Enquanto pesquisava sobre a vida de Guadalupe e o processo que resultou na sua condenação, descobri que a função que ela exercia decididamente se assemelhava mais a cargos de liderança historicamente exercidos por homens do que com os papéis desempenhados por mulheres como a esposa de El Chapo, Emma Coronel. O fato de ela e sua vida no crime serem ignoradas pela mídia não significa que ela era irrelevante ou não tinha poder dentro do Cartel de Sinaloa, mas sim que Guadalupe não se encaixa nos estereótipos de gênero que imperam no narcotráfico. Quando foi detida, ela já beirava os 60 anos e não cabia nos tipos "novinha bonitinha" ou "vítima" que os holofotes parecem exigir das mulheres nesse meio.

É verdade que Guadalupe talvez tenha sido uma vítima no início. Estudei seus cinco filhos e seu marido, o pai deles, um homem descrito em documentos legais como "abusivo". De acordo com o advogado de Guadalupe, Ruben Oliva, "durante sua vida, ela teve o grande azar de se relacionar com homens que a viam apenas como um meio para atingir seus objetivos".[13] Mas, quando comecei a ler sobre ela, Guadalupe já estava presa havia quase dez anos numa prisão americana após ter sido condenada por tráfico de drogas no fim da década de 1990 na Califórnia. O caso que eu estava pesquisando não tinha sido seu primeiro - ela sabia o que estava fazendo quando se envolveu com o Cartel de Sinaloa por vontade própria.

Durante minhas pesquisas sobre as mulheres no narcotráfico, ficou cada vez mais óbvio que muitas das mulheres envolvidas, a exemplo de Guadalupe, não se encaixavam nos clichês tradicionais. No narcotráfico, mulheres com cargos importantes e poderosas, algumas vezes até violentas, não eram uma novidade nem uma exceção.

O Cartel de Sinaloa de El Chapo, nascido a partir do Cartel de Guadalajara no fim da década de 1980, começou transportando cocaína de produtores na Colômbia, na Bolívia e no Peru para o México e depois cruzando a fronteira para os Estados Unidos, com toneladas de maconha e heroína. Hoje, essas drogas ganharam a companhia de grandes quantidades de metanfetamina e fentanil. O Cartel de Sinaloa definiu o *modus operandi* para a proliferação de organizações contrabandistas hoje bem-sucedidas: pistas de pouso clandestinas no meio da selva, capazes de receber pequenas aeronaves carregadas até o teto com mercadorias; lanchas de alta velocidade repletas de entorpecentes singrando os mares; drogas disfarçadas de outros produtos, escondidas em caminhonetes e carros. Um caso que ganhou notoriedade foi quando El Chapo tentou enviar o equivalente a meio milhão de dólares em cocaína do México para os Estados Unidos em latas de pimenta jalapeño.[14]

O mundo do narcotráfico e sua cultura são documentados e descritos como profundamente masculinos e patriarcais. O uso ostensivo de uma violência brutal se tornou marca registrada das guerras do crime no México, assim como a objetificação de mulheres por elementos da cultura narco, como o *narcocorrido* (um gênero de baladas e canções dedicadas aos chefes do tráfico) e a cirurgia plástica. Mulheres são acessórios, mais um sinal do sucesso dos homens. A esposa de El Chapo, Emma Coronel, passou a servir como exemplo da aspiração de mulheres envolvidas com traficantes em Culiacán, também conhecidas como *buchonas*, a um certo estilo de vida e a uma certa "aparência".[15]

A natureza machista do narcotráfico e da cultura que o circunda também serve para tirar as mulheres dos holofotes. Em Honduras, a violenta organização narcotraficante da família Valle foi por muitos anos controlada em parte por uma de nossas protagonistas, Digna Valle. Um ex-funcionário do governo em Honduras me contou que os irmãos de Digna, que trabalhavam com ela, tentaram esconder seu poder por medo de parecerem fracos num contexto culturalmente dominado por homens.

— Na verdade, para os Valles, quem dava as ordens eram Arnulfo Valle e Luis Valle (irmãos mais novos de Digna), mas eles garantiam que Digna Valle nunca aparecesse aqui na mídia como protagonista. Mais tarde foi descoberto que era ela quem controlava as finanças e era o cérebro por trás de muitas das operações deles — disse o funcionário com quem eu conversei em Santa Rosa de Copán.[16]

A pequena cidade, que era dominada pelos Valles, fica próxima da fronteira de Honduras com a Guatemala e é uma das principais rotas do tráfico de cocaína do sul para o norte.

— A função dos irmãos de Digna [Luis e Arnulfo] era espalhar medo e terror nessa região e por todo o norte — contou o ex-funcionário. — Foi só quando [Digna] foi presa e levada para os Estados

Unidos que se descobriu o quanto ela era poderosa dentro da organização.[17]

Alguns argumentam que existem diferenças cruciais em como homens e mulheres se comportam no mundo do crime.

— Não vai haver nenhum espetáculo ou tiroteio; elas não precisam fazer disso um espetáculo como os líderes [homens] dos cartéis faziam no passado — afirmou a criminologista Mónica Ramírez Cano, que entrevistou dezenas de figuras notórias do submundo do crime mexicano, tanto homens como mulheres. Ela traçou o perfil de El Chapo após sua captura final no México e antes de sua extradição para os Estados Unidos.[18]

Mas alguns dos advogados que defenderam mulheres chefes do tráfico nos Estados Unidos discordam de Cano. Eles me contaram que as mulheres desejam fama e poder no universo do crime tanto quanto os homens.

Eu constatei que ambas as afirmações são verdadeiras.

---

A pena relativamente leve recebida por Guadalupe significa que, quando você estiver lendo este livro, vai faltar pouco tempo para ela sair da prisão. Mas ela provavelmente não vai querer voltar para casa. Seu ex-capitão, Jesús, filho de El Chapo, também conhecido como Alfredillo, continua solto no México. Além dos Guzmáns, não há dúvida de que os outros seis homens citados na denúncia estão descontentes com a cooperação dela com os promotores americanos. Um deles, Ismael "El Mayo" Zambada, cofundador do Cartel de Sinaloa e traficante mexicano lendário, nunca colocou os pés numa prisão e é um dos criminosos mais procurados pelo DEA (Drug Enforcement Administration, acrônimo em inglês para a agência de combate ao narcotráfico dos Estados Unidos).

Guadalupe já falou demais. Se conseguir evitar ser deportada – que costuma ser o passo seguinte dado pelas autoridades contra narcotraficantes estrangeiros como ela – e permanecer nos Estados Unidos depois que sair da prisão, ela vai passar o resto da vida preocupada e apreensiva. Vai ter que se misturar à multidão e se tornar invisível para sobreviver.

Sou fascinada por Guadalupe e todas as outras mulheres retratadas neste livro. Como jornalista e escritora, faço o melhor que posso para descrever seus feitos e as complexidades de suas histórias sem celebrar suas conquistas criminosas. Enquanto mulher cercada principalmente por homens investigando o crime organizado, estou acostumada a ver mulheres sendo subestimadas ou ignoradas. E essa parece ser uma atitude moldada mais por estereótipos de gênero e pressuposições do que pelos fatos concretos. Ignorar as mulheres é um erro, e as histórias dessas mulheres mostram isso.

Só para deixar claro, este livro não quer encontrar a El Chapo mulher, porque isso equivaleria a tentar encaixar as mulheres em um estereótipo masculino. O desafio é identificar e reconhecer o poder feminino tal como ele é no contexto do crime organizado. Geralmente, o poder que elas exercem não é igual ao dos homens, mas precisamos enxergá-lo se quisermos entender melhor as sombras do mundo do crime por onde elas andam.

CAPÍTULO 1

# A MATRIARCA

## O feudo

A minúscula cidade de El Espíritu fica no final de uma estrada de terra vermelha, aninhada nas exuberantes montanhas verdejantes do noroeste de Honduras. Para o olhar menos atento, é idêntica aos outros milhares de *pueblitos* (pequenos povoados) espalhados pela América Latina: uma praça central com uma igreja; ruas de terra com lixo misturado à lama; crianças perambulando descalças; roupas no varal do lado de fora de casas pequenas e humildes; mercadinhos que vendem alimentos básicos e Coca-Cola.

Mas forasteiros só podem visitar El Espíritu com a autorização de algumas poucas pessoas dentre os cerca de 3 mil habitantes. Ou precisam ser acompanhados por um contato local de confiança, porque aqui um dia já foi a base de comando de um dos clãs narcotraficantes mais violentos e poderosos do país e de sua matriarca, Digna Valle. Juntos eles mandavam na cidade como se fosse seu feudo particular. A sombra do reinado dos Los Valles ainda paira sobre a cidade.

Digna foi presa em 2014, ao chegar a Miami para uma viagem de negócios. Ela voou de Honduras para os Estados Unidos sem saber que havia uma acusação secreta contra ela e dois de seus irmãos, Luis Alonso e Miguel Arnulfo, resultado de anos de investigação do

DEA. Foi em parte graças a Digna que o governo americano conseguiu desmantelar sua família traficante de drogas e muitas outras organizações no mesmo ramo. Sete anos não é uma sentença longa, considerando as acusações de conspiração para traficar cocaína que a colocaram atrás das grades. Hoje Digna tem por volta de 60 anos e mora em Boston, após sair da prisão em 2018.

Enquanto meu guia – o monsenhor (bispo) Darwin Andino – e eu entrávamos em El Espíritu em sua caminhonete cor creme, de trás do volante ele apontou para um campo. Ele disse que ali, certa vez, foram desenterrados por volta de 11 milhões de dólares que tinham sido escondidos num tanque de água. No ápice das operações dos Valles no tráfico internacional de cocaína, a família gerava tanto dinheiro que não sabia o que fazer com ele.

Eu não precisei me esforçar muito para convencer Darwin, o bispo de Copán – o estado ou departamento em Honduras onde fica El Espíritu –, a me acompanhar naquele dia de março de 2021. Alguns dias antes, bati à porta de sua paróquia na pequena cidade de Santa Rosa de Copán, que fica a cerca de noventa minutos de carro de El Espíritu. Antes de falar com ele, a ideia de pedir que ele me levasse para a cidade parecia audaciosa e absurda, no melhor dos cenários, e simplesmente burra, no pior. Mas eu continuava repetindo para mim mesma que a Igreja Católica ainda é uma das poucas instituições que a realeza do tráfico da região respeita – bem mais do que o governo. E, para minha sorte, Darwin aceitou a aventura.

Quando nos sentamos para conversar ao redor de uma imensa mesa de mogno na sua paróquia sobre o motivo de eu estar na cidade, ele já sabia quem era Digna. Àquela altura, eu já investigava o caso dela havia dois anos. É justo dizer que eu estava um pouco obcecada. Entrei em contato com todos que tinham feito parte do processo criminal e de imigração de Digna nos Estados Unidos e, por intermédio de alguns contatos, solicitei mais de uma vez uma entrevista com ela, mas ela sempre recusou. Imaginei que ir até sua cidade natal, onde ela ainda era conhecida e respeitada, me ajudaria a entender um pouco melhor sua história. Darwin concordou.

Alguns dias depois, partimos em direção à pequena cidade, com a caminhonete levantando uma nuvem de poeira vermelha por onde passávamos. Duas crianças pequenas, uma delas ainda de fraldas, andavam de mãos dadas na beira da estrada em direção a uma das pequenas casas térreas de madeira que ladeavam a entrada da cidade. A vida de Digna aqui, a mais velha de treze irmãos, foi sofrida. As casas pareciam pequenas e apertadas. Fogueiras ardiam em alguns dos jardins dianteiros e galinhas magrelas ciscavam na terra.

— Todos os dias eu rezo por Honduras — disse Darwin. — A pobreza aqui é imensa. Imensa.

Já perto da entrada de El Espíritu, Darwin disse:

— Me contaram que aqui nesta cidade, para entrar, eles tinham um monte de seguranças. Que eles paravam os veículos e perguntavam "quem é você?" e "aonde você está indo?", e depois seguiam você para ter certeza de para onde você ia.

Mas hoje não há mais seguranças, a maioria dos seus chefes está atrás das grades nos Estados Unidos e em Honduras. Sentíamos os olhares sobre nós, mas ninguém nos impediu de entrar.

El Espíritu não poderia ser mais diferente dos ambientes que associamos com a dinâmica indústria da cocaína. Era sonolenta. Silenciosa. Vira-latas passeavam pelas ruas de terra e os moradores locais circulavam de chinelos. Os únicos sons vinham dos rádios dentro das casas ou dos carros e caminhonetes que passavam pelas ruas.

Digna nasceu na década de 1960 e, quando era adolescente, o comércio internacional de cocaína estava em crescimento na região. Logo Honduras se tornou um importante país na rota do tráfico da droga, que é produzida no Peru, na Bolívia e na Colômbia e transportada para os consumidores dos Estados Unidos. Foi no começo da década de 2000, quando Digna tinha mais de 40 anos e dois filhos, que sua família envolveu a si mesma, e a maior parte da cidade, com o *boom* da cocaína.

— Digna era uma das fiéis — contou Darwin, quando a grande igreja católica que ela ajudou a construir entrou em nosso campo de visão.

Enquanto ele falava, pensei que eu não poderia ter encontrado um guia mais perfeito que o bispo Darwin. Como católica não praticante, tomei a resolução de parar de falar mal da Igreja.

A enorme igreja ultrapassava em muito as necessidades espaciais, se é que não as espirituais, da minúscula congregação da cidade. Uma estrutura de concreto bem conservada, pintada de amarelo pastel, fazia as outras construções da cidade parecerem minúsculas. Na frente da igreja, um gramado bem aparado tinha em seu centro uma esplanada pavimentada, decorada por bancos brancos. Na parte de trás do primeiro banco pelo qual Darwin e eu passamos, lia-se em relevo "DIGNA ASUSENA VALLE Y FAMILIA". No banco seguinte "LUIS VALLE, MAYRA LEMUS Y HIJOS". E no outro "JOSE REYNERO VALLE Y FAMILIA". E no outro "REMBER CUESTAS VALLE Y FAMILIA". Os patronos da igreja.

Digna é uma mulher de contradições. Como moradora de El Espíritu, ela se orgulhava muito de suas obras sociais, como a qualidade e o tamanho da igreja e os ranchos de café que ela ajudou a financiar e gerenciar como parte do portfólio de negócios da família. Moradores me contaram que Digna costumava cavalgar até os ranchos "vestida como um homem", de calças e chapéu, e então desmontava e se sentava para almoçar com os trabalhadores. Ela também supervisionava a organização das festas religiosas da região e usava o dinheiro da própria família para oferecer um banquete do qual todos na cidade desfrutavam.

Mas Digna tinha um lado mais sombrio, que veio à tona quando a pressão sobre sua família começou a aumentar e o governo dos Estados Unidos passou a se apoiar cada vez mais sobre seus aliados hondurenhos para que desmantelassem o Cartel Valle e acabassem com seus negócios no tráfico.

## Atenção aos detalhes

Depois de visitarmos a igreja, Darwin e eu voltamos para a caminhonete e seguimos nosso caminho pela cidade. Enquanto avançávamos devagar pela rua principal de terra, alguns pequenos detalhes contavam a história da cidade. Próximo à entrada de El Espíritu, havia o que parecia ser a obra de uma grande mansão. As paredes nuas de concreto cinza se estendiam por dois andares e circundavam um grande pátio com o que parecia ser o início de uma piscina no centro. Uma construção como essa estava muito além dos meios de uma família típica de Copán, que dependia de trabalhos locais como o cultivo de café.

Era bastante evidente que as obras na casa estavam abandonadas havia muitos anos. Uma cerca coberta por mato e trepadeiras cobria parcialmente o esqueleto cinza. A grama alta tomou o lugar da piscina e os buracos onde as janelas deveriam estar se abriam como bocas em busca de ar. Os moradores locais me contaram que Digna estava construindo a mansão para ela, seu marido e seus filhos adultos, Gerson e Tesla, quando sua prisão fez com que as obras parassem de repente.

Moradores da região e pessoas próximas a ela me contaram que Digna era a “face boa” da família Valle, amada e respeitada pela comunidade. A mais velha de treze irmãos e irmãs, ela era a “mãe de todos eles”, disse uma moradora, que pediu que fosse chamada de Teresa e que morava ali por mais de vinte anos. Teresa conheceu e trabalhou com a família durante o período de dominância dos Valles, que começou no final da década de 1990.

— Eu gostava dela. Ela parecia uma *trabajadora*. Era feita de força bruta — contou Teresa quando nos encontramos em Santa Rosa de Copán. — Ela era simpática, mas tinha uma personalidade forte.

Em cidades como El Espíritu, a presença do Estado é quase nula, e Digna representava uma autoridade, uma benfeitora não oficial que tinha recebido pouquíssima educação formal. As pessoas se reuniam em torno dela porque ela passava uma sensação de segurança e dava a elas trabalho e apoio. Ela e sua família eram os provedores e a lei, temidos e respeitados. Enquanto observava a colossal mansão que Digna tinha começado a construir, eu tentava conciliá-la com as descrições que os moradores fizeram dela, como uma pessoa humilde e generosa. Será que ela perdeu a humildade quando o poder do seu clã aumentou e a pressão sobre suas operações cresceu? No começo da década de 2000, o governo americano confiou às autoridades hondurenhas a tarefa de desmantelar o clã Valle, entre outros, na esperança (irrealista) de interromper o fluxo de cocaína. Em algum momento, o senso de comunidade de Digna provavelmente deu lugar à necessidade de sobreviver e cuidar dos seus.

— Eles eram milionários, eram ricos, e nós éramos tão pobres — contou um antigo vizinho da família Valle.

A mansão, enorme e vistosa, era um recado para os moradores da cidade e também para aqueles que a perseguiam: *Não mexa com a gente agora. Nós mandamos aqui.*

Quando Digna começou a construir a mansão, por volta de 2014, sua família já participava ativamente do tráfico internacional de cocaína havia vinte anos. Negar isso seria inútil quando ela foi presa em Miami naquele ano: ela se declarou culpada das acusações. Foi em parte graças a ela que o governo americano conseguiu derrubar sua família de traficantes, assim como outras dentro da indústria. Ela foi a primeira peça de dominó a cair, e, apenas alguns meses após sua prisão, seus irmãos foram capturados em El Espíritu em uma grande operação policial conjunta da polícia hondurenha com a americana que se tornou lendária entre os moradores locais. Policiais e soldados chegaram em massa à cidade e fizeram buscas nas casas até encontrarem Luis Alonso e Miguel Arnulfo, que foram prontamente levados de helicóptero para a capital, Tegucigalpa. De lá, foram logo extraditados para os Estados Unidos e então julgados e condenados a vinte e três anos de prisão por tráfico de drogas.

A mansão de Digna não era a única da cidadezinha, que é cheia de casas que um dia foram esplêndidas, pertencentes aos seus irmãos e a outros membros da família Valle. Mas agora são só esqueletos, tendo sido saqueadas pelos locais e desapropriadas pelo Estado. Na frente de uma delas, vimos um soldado hondurenho sentado tranquilamente numa cadeira de praia. De uniforme completo, ele jogava no celular e fumava um cigarro com um rifle automático apoiado no colo. Ele olhou enquanto passávamos de caminhonete, mas nem se deu ao trabalho de levantar. Darwin me disse que uma vez, em uma de suas visitas a El Espíritu, contou dezenove grandes casas ou mansões, e suspeitava de que todas elas haviam pertencido aos Valles.

## Bem-vindos

É por causa de Digna que este livro existe. Fiquei sabendo da existência dela em 2019, por um advogado criminalista que na época representava outras mulheres acusadas de tráfico de cocaína. Conhecer alguns detalhes de sua vida foi o que despertou meu interesse em pesquisar sobre o papel das mulheres no narcotráfico na América Latina. Mas encontrei poucas informações sobre ela na internet, apenas algumas notícias sobre sua prisão e documentos relacionados ao processo judicial. As poucas fotos que achei eram dos seus trinta e poucos anos em diante, acredito eu, e mostravam uma mulher corpulenta de pele clara e olhar determinado. Seu cabelo tinha cores diferentes em fotos diferentes, e ela claramente se importava com seu tom e corte. Ela foi fotografada algumas vezes de calça jeans e camisa polo, em frente a diferentes construções nas cidadezinhas que cercavam a fazenda verdejante onde tinha crescido. Apesar dos meus esforços, Digna permanecia envolta em mistério. Vir até El Espíritu parecia ser o único jeito de descobrir mais sobre ela.

Darwin e eu paramos em frente a uma modesta casa térrea de cimento pintada de azul. Enquanto esperávamos na sala, observei a meia dúzia de certificados que estavam pendurados na parede azul desbotada. Muitos deles continham o nome de uma mulher, uma moradora da casa, que tinha se formado em Direito. Quase todos tinham o mesmo sobrenome: Valle.

Os certificados pendurados na parede pertenciam a uma parente de Digna. De acordo com seus ex-vizinhos, a própria Digna jamais passou do ensino médio. Para mulheres da sua geração, educação não era uma prioridade. A quantidade de dinheiro que ela juntou deve ter excedido com folga as suas mais otimistas expectativas. Dava para entender que ela quisesse exibir tudo aquilo em casas requintadas e gestos nobres.

O contato de Darwin, Juanita, entrou na sala, e nós nos apresentamos. Então Juanita insistiu que conhecêssemos sua mãe. Logo saímos da casa e subimos com muito esforço uma colina íngreme de cascalho. No caminho, passamos por um enorme templo evangélico azul-turquesa claro, tão grande que parecia capaz de abrigar toda a população da cidade.

— Luis que construiu isso — contou Juanita.[1] A estrutura tinha o mesmo tamanho que a igreja católica no centro da cidade.

Luis Alonso Valle e Miguel Arnulfo Valle, dois dos irmãos de Digna, eram os responsáveis pelos atos de violência do Cartel Valle. Alguns meses antes de ser extraditado para os Estados Unidos, no começo de 2014, Luis Alonso foi detido pela polícia local em El Espíritu por ter estuprado uma jovem. Os moradores da cidade e as notícias da época dão conta de que ele ficou preso em Santa Rosa de Copán. Àquela altura, sua fama como chefe do narcotráfico já estava bem estabelecida, assim como o medo que a comunidade sentia dele, mas isso não impediu a polícia de tentar cumprir a lei. Miguel Arnulfo, porém, supostamente foi ao resgate do irmão e cercou a cidade com capangas armados, ameaçando atacar caso Luis Alonso não fosse solto. As autoridades locais, por sua vez, convocaram as Forças Armadas.

— Eles chamaram o Exército porque [Miguel] Arnulfo chegou com uma AR-15 montada numa caminhonete — disse um ex-policial de Santa Rosa de Copán, que me pediu anonimato.[2]

Mas testemunhas e moradores me contaram que, depois de um tenso impasse, as forças do governo receberam ordens para recuar, e Luis Alonso foi prontamente libertado. É possível que o tamanho e a qualidade do seu exército criminoso superassem os do exército oficial — uma dinâmica comum na América Latina. A família da garota menor de idade que foi estuprada foi convencida a retirar a queixa contra ele.

Quando chegamos à casa da mãe de Juanita, ela apontou para a casa ao lado.

— Digna era nossa vizinha — disse.

Parei de andar e observei com atenção a pequena casa térrea amarelo-mostarda com telhado de chapa de aço. Digna não chegou a morar na mansão que estava construindo antes de ser presa. Ela passou seus últimos dias em El Espíritu nessa casa bonita e funcional, mas humilde. Essa casa estava muito bem conservada se comparada com as suntuosas mansões de seus irmãos, agora nas mãos do Estado. A casa de Digna estava trancada e, de acordo com seus vizinhos, exatamente como ela a deixara.

— [Digna] era uma grande mulher, uma grande mulher, e uma guerreira. Ela nos ajudou muito, ajudou na construção da igreja — contou Juanita. — Nós todos a construímos juntos, fazendo tamales e bolos. — Ela precisou gritar um pouco por causa dos latidos de um husky siberiano, visível por uma fresta no portão da garagem da casa de Digna.

Alguém sempre vem dar comida para o cachorro, ela disse, mas já tinha uns dias que ninguém aparecia. Os latidos eram ameaçadores, como um mau presságio. Deduzi que ele estava ali para manter longe os intrusos.

Foi dessa casa que Digna saiu naquele dia em 2014 para voar para Miami, onde foi presa. Queria ter sido uma mosquinha na parede para ouvir as conversas dela com seu marido e seus filhos, Gerson e Tesla. Eles não tinham como saber que a mãe logo seria presa e que sua cooperação com agentes e promotores americanos poria um fim no império do crime que eles todos tinham passado anos construindo.

Após a prisão de Digna, Tesla acabou sendo levada em custódia por lavagem de dinheiro. E Gerson, que permaneceu foragido por quatro anos após a prisão de sua mãe e tios, se entregou às autoridades americanas na Flórida. Mais tarde, notícias em Honduras indicaram que, enquanto estava sob custódia, Digna manteve contato com Gerson e o convenceu a se entregar. É provável que ela tenha incriminado seus dois filhos enquanto estava presa nos Estados Unidos.

Em outubro de 2013, antes da sua última viagem para Miami, um comparsa visitou Digna em sua casa para discutir o transporte de duas toneladas de cocaína que chegariam à costa leste de Honduras por meio de lanchas de alta velocidade, declarou o governo americano no acordo oferecido a Digna. Era como as coisas funcionavam, e continuam a funcionar, em Honduras. Carregamentos de cocaína, maconha e heroína são levados para o norte, pelo mar, saindo da Colômbia e da Venezuela, e são entregues numa parte do país chamada La Mosquitia, no departamento de Gracias a Dios (graças a Deus em português). Mas as únicas pessoas que dão graças por essa faixa de terra coberta por densos pântanos e florestas quase inacessíveis na costa do Caribe são os traficantes, que conseguem operar ali na clandestinidade e com pouca interferência das autoridades.[3]

Os entorpecentes são levados do litoral através de estradas improvisadas construídas pelos traficantes e seus parceiros em meio à vegetação e à lama, até chegarem às estradas principais, por onde então a valiosa carga é transportada até a fronteira com a Guatemala.

O feudo da família de Digna bem na fronteira, em Copán, era *o* lugar para atravessar a cocaína para dentro da Guatemala a caminho dos Estados Unidos. Ela organizava o descarregamento das drogas dos parceiros do Cartel Valle e a transferência delas em segurança para a Guatemala. O governo americano estima que, de 2009 até a prisão de Digna em 2014, todo mês ela e sua família transportavam milhares de quilos de cocaína através da fronteira Honduras-Guatemala. Digna chegava a fazer até 800 mil dólares com um único carregamento, como aquele feito como resultado do acordo que ela fechou naquele dia de outubro de 2013.

## Terra de ninguém

A casa de Digna em El Espíritu fica a menos de dez quilômetros ao sul da fronteira com a Guatemala em linha reta. A divisa internacional, como a maioria das fronteiras terrestres na América Latina, é porosa e praticamente uma terra sem lei. A polícia de fronteira possui poucos recursos para evitar que a droga entre na Guatemala.

Seu único carro de patrulha está parado na beira de uma estrada próximo à fronteira, sem as duas rodas da frente.[4]

O que não consegue passar sem ser detectado pelos poucos pontos oficiais de travessia entre os dois países é atravessado de forma clandestina. Para os cerca de quinze pontos formais de entrada ao longo da divisa, existem mais de cem clandestinos, muitos dos quais podem ser cruzados por caminhões através de estradas de terra.[5]

Essa porção da América Central é considerada uma das mais perigosas da América Latina e possui uma das maiores taxas de homicídio do mundo.[6] Isso se deve em grande parte ao azar de Honduras estar localizada entre Colômbia, Peru e Bolívia – as nações produtoras de cocaína – e Estados Unidos, o maior consumidor de cocaína do mundo.[7] Operadores como o clã de Digna corrompem autoridades locais e nacionais e desafiam a capacidade dos governos de governar, deixando para trás um rastro de sangue e de dólares.

A ausência do Estado na fronteira permite que grupos como o Cartel Valle preencham o vácuo, ao mesmo tempo encantando e aterrorizando as comunidades locais com seu tipo particular de governo criminoso. Ações sociais como construir igrejas, criar empregos e conceder empréstimos têm um preço, e a relação de Digna com sua comunidade funcionava num equilíbrio delicado. Quanto mais poderoso e violento o clã Valle se tornava, menos a comunidade à qual Digna tinha se dedicado confiava nela.

Os Valles começaram como ladrões de gado e contrabandistas, um estilo de vida típico da fronteira que permitiu que famílias se tornassem exímias em lidar com as terras e a política da região. Quando a cocaína começou a chegar da América do Sul, substituiu as vacas e os cigarros que a família contrabandeava para a Guatemala. Depois de um golpe de Estado contra o governo do presidente Manuel Zelaya em 2009, que com suas distrações políticas desviou as atenções das atividades do crime organizado, o fluxo de cocaína passou de um gotejamento para um torrente.[8]

Os Valles trabalhavam com um grupo diferente no leste do país – os Cachiros – e acabaram se tornando um intermediário vital para as organizações que operavam na região, incluindo o Cartel de Sinaloa, de Joaquín "El Chapo" Guzmán, no México.

Enquanto Digna acumulava a fortuna que a levou a começar a construção de sua megamansão, a linha tênue que separava autoridades oficiais e autoridades *de facto* em Copán começou a ficar menos evidente. Os Valles impunham leis que julgavam necessárias, corrompendo ou cooptando funcionários do Estado como meio de promover e proteger seus interesses. A polícia se tornou um braço armado a favor de interesses privados, não públicos, em troca de melhores salários e outras regalias.[9]

— Funciona assim — contou a pesquisadores um policial do lado hondurenho da fronteira com a Guatemala.

> Se você precisa de uma bateria para sua viatura, pode solicitar uma para o quartel-general e esperar uns seis meses até que chegue, isso se chegar, e aí os chefes vão tentar fazer você pagar por ela. Ou então os *señores* locais fazem alguém te dar uma bateria nova, trocar os freios e encher o tanque com gasolina, contanto que você não os incomode. Nós estacionamos onde eles nos mandam estacionar. Olhamos para onde eles nos mandam olhar. Ninguém cria problema para ninguém.[10]

A enorme igreja católica na pequena cidade vizinha de La Florida, que eu também visitei, exibe vitrais retratando madre Teresa e o papa João Paulo II. Do lado de fora, bancos verdes no *zócalo*, ou praça principal, em frente à igreja, também levam o nome do prefeito local, Rember — o mesmo Rember cujo nome está gravado nos bancos em frente à igreja de El Espíritu. Só que nesse banco ele deixou de fora seu segundo sobrenome: Valle.

No momento em que escrevo isto, já faz nove anos que Rember é prefeito de La Florida.[11] Digna garantiu que seu primo conseguisse os votos necessários para ser eleito. Afinal de contas, a razão de investir localmente grandes quantias de dinheiro e ajudar os membros da comunidade local era comprar a lealdade da cidade. Por um tempo, funcionou. Quando a Guarda Nacional vinha da capital, Tegucigalpa, para prender membros da família Valle por crimes relacionados ao tráfico de drogas, eles se escondiam, e os moradores então diziam para os policiais que nem conheciam as pessoas que eles estavam tentando prender, muito menos onde elas poderiam estar escondidas.

Um ex-morador se lembrou do dia em que seu pai chegou em casa e lhes disse que não se animassem se os Valles aparecessem na escola para distribuir comida e bolo.

— As pessoas agora estão falando coisas muito ruins sobre a família Valle — eles se lembram do pai dizendo. — Todos sabiam; mesmo nós, as crianças, quando tínhamos só 7, 8 anos; todos nós sabíamos que eles eram traficantes de drogas — eles se recordam.

Pelo que me contaram, foi nessa época que Digna começou a usar uma peruca durante eventos públicos para tentar passar despercebida.[12] A maré estava virando contra a família porque o governo americano pressionava o governo hondurenho para prendê-los. No fim das contas, as autoridades americanas precisaram esperar que Digna fosse até eles para que eles mesmos a prendessem.

## Vikings

A rápida consolidação do poder dos Valles transformou seu papel: antes eram benfeitores e provedores, mas logo passaram à condição de opressores violentos. A acusação contra Luis Alonso por estuprar uma menor em 2014 não tinha sido um incidente isolado.

Ex-moradores de Honduras que hoje buscam asilo nos Estados Unidos me contaram que Luis Alonso e seu irmão Miguel Arnulfo costumavam raptar jovens adolescentes por quem se sentiam atraídos e levá-las para casa. Uma testemunha disse que os irmãos "iam primeiro", e que depois as garotas eram passadas para os outros membros da família e, por fim, para os guarda-costas. Após serem estupradas por cada um desses homens, elas eram devolvidas para suas respectivas casas em frangalhos. Suas famílias eram informadas de que, se contassem sobre os estupros para alguém, todos seriam mortos.

— Uma vez eu estava na cozinha quando alguns moradores reclamaram para Digna que os irmãos dela tinham levado garotas novas para lá. E Digna falou que as garotas novas não deveriam ter provocado os irmãos dela — recordou uma ex-habitante de El Espíritu. — Sobre as famílias e as pessoas que sabiam demais ou faziam coisas de que a família não gostava, *Doña* Digna dizia: "Eles precisam ser assassinados. Não podemos deixá-los assim".[13]

Conforme os anos se passavam, Digna passou a se empenhar cada vez mais em proteger sua família e os lucros dos seus negócios escusos, e assim seu espírito de comunidade se desfez. Quando não conseguia comprar a lealdade e o silêncio de certos locais, alguns afirmam que ela própria se encarregava de silenciá-los para sempre. A coexistência dessas táticas violentas e sua popularidade social criaram uma forte tensão em torno de sua presença na cidade.

Digna nunca foi condenada por crimes violentos, e eu não consegui checar as afirmações que me foram feitas pelos refugiados de El Espíritu. Em um incidente que eles me descreveram, certa vez uma família que colaborava com a polícia americana como informantes do Cartel Valle em Copán foi descoberta por pessoas leais aos Valles. Dizem que, quando Digna ficou sabendo, enviou duas caminhonetes com homens armados para assassinar todos eles. Assim que os agentes americanos que cuidavam da família ficaram sabendo que os capangas se aproximavam, tiraram da cidade onze membros da família em um avião do governo.

Quando um trecho deste capítulo foi publicado na *VICE World News* no final de 2021, algumas das mulheres que me receberam em El Espíritu ficaram furiosas. Elas me escreveram insistindo que Digna não era uma assassina e que eu tinha publicado mentiras. Em contrapartida, membros da comunidade jurídica questionaram a versão bonitinha da história de Digna que me foi contada por seus ex-funcionários e moradores de El Espíritu.

Eu não sei em quem acreditar. É tentador adotar a versão de que Digna era a "face boa" do Cartel Valle, mas talvez apenas porque ela se encaixa no estereótipo de que mulheres são pacificadoras. Mulheres nunca seriam capazes de mandar matar alguém, não é mesmo? Mas receber aquelas mensagens dos vizinhos de Digna não foi legal. Eu me lembro de ir buscar um dos meus filhos na escola a pé na tarde em que recebi a primeira reclamação. Senti um arrepio na espinha quando li que estavam ofendidos com a história. Então comecei a suar ao considerar as possíveis consequências de falar mal de um membro do Cartel Valle. Mas eu ainda acho que a decisão de compartilhar o que ouvi de todos os lados sobre Digna foi a melhor, dado meu acesso limitado a ela.

— Ela não era violenta, mas era forte — me contou outra pessoa que conhecia e amava Digna.

Mas é difícil de entender como ela poderia sobreviver transportando cocaína e como poderia proteger seus ranchos de café e seus outros negócios sem apelar para a violência. Ao mesmo tempo, é possível que seus irmãos cuidassem dessa faceta.

Só violência não bastava para a família Valle manter seus negócios em funcionamento. Eles precisavam que o governo hondurenho estivesse ao seu lado para tirar a Guarda Nacional e os gringos dos seus cangotes. Em 2013, aconteceu outra reunião do alto escalão perto de El Espíritu. Todos os homens sentados à mesa estavam fortemente armados. Entre eles, estavam El Chapo; Antonio "Tony" Hernández, irmão do futuro presidente de Honduras, Juan Orlando Hernández, que naquele momento planejava sua campanha presidencial; e Amilcar Alexander Ardón Soriano, prefeito da vizinha El Paraíso. Não fica claro se Digna estava ou não sentada à mesa, sobre a qual havia uma pilha de dinheiro, mas os interesses de sua família certamente estavam representados ali.

O dinheiro na mesa em frente a eles somava um milhão de dólares.

— Nós contamos — disse Ardón mais tarde, num tribunal em Manhattan. — Estava dentro de sacos plásticos.

O dinheiro era uma "doação" da família de Digna e de El Chapo para a campanha política do irmão de Tony, Juan Orlando Hernández, que viria a ganhar as eleições para presidente em novembro daquele ano. Por esse um milhão de dólares, o futuro presidente teria concordado em proteger as atividades ilícitas de Guzmán, Ardón e da família de Digna.[14]

Naquela ocasião, El Chapo estava em uma de suas visitas a El Espíritu. Moradores e investigadores me contaram que ele era visto com frequência na região, sobretudo durante os treze anos em que esteve foragido depois de sua primeira fuga de uma prisão de segurança máxima no México em 2001. Até ser recapturado em 2014, de vez em quando ele desfrutava da hospitalidade dos Valles em El Espíritu, incluindo, dizem, festas com direito a shows particulares da banda Los Tigres del Norte, o grupo rancheiro famoso no mundo inteiro que os Valles traziam para tocar. A banda não respondeu aos meus pedidos para confirmar essas alegações.

Os moradores sabiam quando El Chapo estava para fazer uma de suas visitas, porque a segurança na cidade aumentava e o deslocamento dos habitantes era restringido. Um morador me contou que caminhonetes novinhas entravam na cidade e desciam a rua principal a caminho das residências dos Valles.

— Era aí que sabíamos que os chefes de verdade estavam na cidade. Tremíamos feito vara verde.[15]

Nossa guia em El Espíritu, Juanita, lembra:

— Quando [os Valles] ainda moravam aqui, davam festas e pagavam por tudo. Muita gente vinha das montanhas e havia filas de carros estacionados. Vinha gente de todo canto.

Mas, meses depois, a prisão de Digna em Miami mostrou que o acordo milionário que El Chapo tinha costurado com as autoridades hondurenhas naquele dia não tinha protegido os Valles de nada. Quando o DEA apanhou Digna, os irmãos Valle ficaram furiosos e queriam vingança. Eles ordenaram o assassinato do presidente de Honduras, Juan Orlando Hernández, por não ter cumprido sua promessa de protegê-los.

Policiais americanos, que vinham trabalhando em intensa cooperação com seus colegas hondurenhos, ficaram sabendo da ordem de assassinato e descobriram que os Valles estavam recebendo ajuda do outro signatário do acordo: El Chapo. Os matadores de aluguel foram presos antes que conseguissem assassinar Hernández. Miguel Arnulfo e Luis Alonso também foram detidos e, logo em seguida, extraditados.

— Tony Hernández me contou que os Valles tinham sido presos porque tentaram matar o presidente de Honduras — disse Ardón diante do tribunal.[16]

O ex-presidente Hernández sempre negou qualquer ligação com o narcotráfico, mesmo com os depoimentos dos chefes do tráfico contra ele se acumulando nos tribunais americanos. Ele negou veementemente que seu irmão Tony fosse culpado quando este foi condenado à prisão perpétua em março de 2021 por sua participação no narcotráfico. Mas a versão do presidente Hernández – de que os chefões do tráfico na região, agora todos presos nos Estados Unidos, conspiraram para construir uma narrativa falsa, mas convincente, incriminando seu irmão Tony e ele – não convenceu os promotores americanos. No começo de 2022, algumas semanas depois de deixar a presidência, Hernández foi acusado pelo Tribunal do Distrito Sul de Nova York de envolvimento no tráfico de drogas.[17] Ele foi extraditado semanas depois.

Eu não sei dizer o quanto a cooperação de Digna com a polícia americana enquanto estava sob custódia teve a ver com as acusações feitas depois contra o ex-presidente Hernández. Mas seus próprios irmãos, Luis Alonso e Miguel Arnulfo, são mencionados no registro de ocorrência como comparsas de Hernández – informação que pode ter vindo tanto deles quanto de Digna.

Apesar das provas contra Digna e sua família, muitos em El Espíritu insistem que ela não passa de uma inocente espectadora.

— Eu não posso afirmar que Digna estava envolvida com o tráfico de drogas. Ela nunca teve uma vida luxuosa, não vestia roupas extravagantes, nunca vi nada disso — contou Juanita em frente à modesta casa de Digna. O cachorro ainda latia lá dentro. A mansão construída pela metade do outro lado da cidade e também um júri na Flórida sugeriam que ou Juanita estava enganada ou estava mentindo.

Depois de cumprir sua pena nos Estados Unidos, Digna teria outra batalha jurídica pela frente. É prática comum que condenados estrangeiros que cometeram crimes graves ou ligados ao narcotráfico sejam deportados após pagarem sua dívida com a justiça. Muitas vezes eles são deportados apesar da ajuda que possam ter oferecido para incriminar outros ou dos perigos que talvez enfrentem ao voltar para casa. Eu estava cobrindo a situação de Digna no momento de sua libertação e fiquei chocada com o fato de que o governo americano estava realmente se preparando para jogá-la aos leões apesar da ajuda que ela tinha dado para os promotores quando estava presa. Fiquei com pena dela. Parecia injusto enviá-la para a morte certa considerando o quanto Digna tinha se esforçado para reparar seus crimes do passado.

— É uma sentença de morte para ela — me contou Mike Vigil, ex-chefe de operações internacionais do DEA, quando eu estava cobrindo a história dela. — As chances de Digna sobreviver em Honduras são próximas de zero. Sem dúvida nenhuma, Honduras é um narco-Estado. Os mais altos escalões políticos, e também os militares e a polícia, estão nas mãos do traficantes de drogas. Por ter cooperado em julgamentos cruciais, é improvável que ela sobreviva lá. Está entrando num caldeirão ardente e com certeza vai se queimar.[18]

O delator e ex-capitão do exército hondurenho Santos Rodríguez Orellana também enfatizou os perigos que Digna enfrentaria se fosse enviada de volta para casa.

— Existe uma caçada agora em meu país por pessoas que colaboraram e depois cooperaram [com a polícia] em casos de tráfico de drogas.[19]

Rodríguez Orellana foi suspenso de seu cargo no exército em 2014 após pedir que uma investigação fosse aberta para averiguar se um helicóptero usado para transportar drogas tinha alguma conexão com membros poderosos da elite política. Mais especificamente o irmão do presidente, Tony, que agora está em um presídio americano cumprindo pena de prisão perpétua por sua participação no tráfico de cocaína.

Quando estava escrevendo sobre a possível deportação de Digna, enviei um pedido para entrevistá-la, mas ela não quis conversar. No fim das contas, ela ganhou o direito de permanecer nos Estados Unidos graças à Convenção das Nações Unidas contra a Tortura. Durante minha peregrinação por El Espíritu, fontes me disseram que ela estava morando em Houston, no Texas, após ser enfim liberada pelo Serviço de Controle de Imigração e Aduana dos Estados Unidos.

— Mas ela quer voltar para casa, apesar dos perigos? — perguntei à Juanita enquanto entrávamos na casa de sua mãe em El Espíritu.

Mal sabia eu que poderia fazer essa pergunta diretamente a Digna.

Quando passamos pela porta, uma mulher saiu do quarto dos fundos com o celular na mão estendida.

— Você quer falar com *Doña* Digna? — perguntou.

Na tela do aparelho, eu via uma mulher sentada na beirada de uma cama. Ela olhava diretamente para mim. Era Digna.

Eu congelei. Não esperava, nem mesmo nos meus sonhos mais doidos, conversar com ela cara a cara em El Espíritu. De repente minha mente começou a funcionar a mil por hora. Eu tinha me apresentado para Juanita como escritora, não como jornalista. Será que Digna perceberia que eu era a pessoa para quem ela tinha negado uma entrevista por duas vezes? Será que ela ficaria furiosa por eu estar na casa vizinha à dela em sua cidade natal no meio do nada, lugar do qual ela morria de saudade? Será que ela ainda tinha um botão para chamar seus capangas? Será que as mulheres ao meu redor faziam parte do seu círculo íntimo? Tudo isso passou pela minha cabeça enquanto sorria para a câmera e tentava permanecer calma.

— Está todo mundo aí — disse Digna, conforme o celular circulava pela casa para mostrar todos que estavam sentados na sala, incluindo o bispo Darwin; meu colega jornalista local; e meu motorista, um ex-policial que já tinha sobrevivido a várias tentativas de assassinato.

Digna falava devagar, e sua voz traía sua idade. Ela soava cansada, e não a pessoa cheia de energia que os moradores de El Espíritu tinham descrito. A aparência esgotada da mulher na tela contrastava fortemente com os relatos da personagem violenta e extraordinária do narcotráfico. Mas também é preciso lembrar que ela era esperta e sabia como manipular as pessoas e o sistema, o que tinha lhe garantido pouco tempo na prisão em comparação aos seus irmãos.

— Sim, eles estão aqui perguntando pela senhora, *Doña* Digna — falou a mulher que segurava o celular.

Eu fiquei tensa. A mulher estava alertando Digna sobre nós. Estávamos sendo marcados. Fiz contato visual com meus colegas quando um silêncio caiu sobre a sala, e segurei a vontade de dizer baixinho: "Vamos cair fora daqui".

— Como você está? — perguntou o bispo Darwin a Digna.

— Bem, graças a Deus — ela respondeu.

Digna contou que a pandemia de covid-19 tinha atrasado sua audiência de imigração, fazendo com que ela passasse mais tempo na prisão. Eu perguntei se ela estava feliz por estar livre.

— Sim, mas eu não gosto muito de sair. Todo mundo aqui diz que eu prefiro ficar trancada em casa — disse rindo.

Também rimos. De nervoso.

— Vocês estão fazendo uma visita? — Digna perguntou a mim e ao bispo.

— Sim, estamos conhecendo a cidade — respondi. — A cidade é linda! Superbonitinha!

— Ah, sim, muito. Você gostou da igreja? — ela perguntou, claramente orgulhosa de sua contribuição para a comunidade.

— Adorei — eu disse —, só é uma pena que não tenhamos conseguido vê-la por dentro.

Juanita nos deixaria entrar, falou Digna, feliz porque veríamos os frutos do seu trabalho.

— Os detalhes, eles são minha obra e minhas preferências. Espero ver você lá um dia — acrescentou.

Perdi o fôlego. *Ela vai voltar para casa?*, pensei, surpresa.

— Você vai voltar para casa? — perguntei.

— Ainda não sei — respondeu após uma breve pausa. — Mas acho que sim.

— Você não tem medo de voltar para Honduras? — perguntei, tentando esconder minha incredulidade.

— Não — ela respondeu.

Ovários de aço ou bravata? Não tinha como saber.

— Não?

— Não.

A conversa então se voltou para a morte recente de um amigo próximo, o pai da família em cuja casa estávamos. Antes de morrer, ele visitou Digna na prisão nos Estados Unidos. A família nos mostrou as fotos deles juntos, e, quando mencionamos seu nome, Digna começou a chorar. Ela saiu do *frame* da câmera e em seguida a chamada terminou. As mulheres à nossa volta ficaram em silêncio por um momento, e foi aí que eu percebi que não tinha sobrado nenhum homem da família Valle na casa. Só as mulheres.

Quando reflito sobre essa viagem, fico muito grata por essas mulheres terem me recebido em suas casas. Durante minha cobertura na América Latina, sempre me senti honrada pelas dezenas de famílias que deixaram eu me sentar ao redor de suas mesas na cozinha, a despeito de quem eu sou e de quem elas são, e me contaram sobre suas vidas. As mulheres de El Espíritu não foram diferentes.

A antipatia que elas sentiram por mim após lerem alguns dos meus relatos sobre Digna me causaram desconforto. Não foi agradável saber que hoje elas talvez se arrependam de ter falado comigo sobre suas vidas. A relação com as fontes é uma das partes mais desafiadoras ao relatar uma história como essa. Fiquei bastante impressionada com a lealdade delas a uma matriarca que tinha saído de lá havia quase uma década. Elas ainda a protegiam e avisavam assim que alguém aparecia perguntando dela, mesmo depois de tantos anos. A lealdade delas para com Digna não as impediu de serem cordiais comigo.

As dinâmicas entre as mulheres – rivalidades, lealdades, influências – são elementos invisíveis, mas poderosos, no narcotráfico. Eu não teria conseguido entender a importância deles na vida de Digna e o papel dela no narcotráfico se não tivesse ido até

El Espíritu pessoalmente. Matriarcas como ela, apesar de passarem despercebidas, são na verdade evidência da história se repetindo. As mulheres têm sido personagens poderosas e influentes na indústria do narcotráfico desde o início da guerra às drogas.

CAPÍTULO 2

# MULHERES DO NARCOTRÁFICO — A HISTÓRIA ATÉ AGORA

Quando a historiadora Elaine Carey subiu na tribuna em Salt Lake City, Utah, em 2005, numa conferência sobre a história das mulheres no México, ela ainda não sabia, mas estava prestes a fazer história. O artigo que ela apresentou naquele dia deixou as centenas de pessoas na plateia de boca aberta, a maioria delas grandes estudiosas de seus campos. Seu estudo era sobre María Dolores Estévez Zuleta, mais conhecida como Lola "La Chata", uma importante traficante e fornecedora de narcóticos nas décadas de 1930 e 1940.

A plateia não conseguia acreditar no que estava ouvindo.

— As pessoas achavam que eu estava apresentando um trabalho de ficção — lembrou Carey durante uma conversa que tivemos no final de 2021.[1]

Ela me escreveu depois de ouvir uma entrevista que dei para a rádio NPR sobre minha série na *VICE*, "Las Patronas", sobre mulheres no narcotráfico, para me contar de seu livro a respeito da história das mulheres no narcotráfico. Depois que superei o constrangimento inicial de não ter lido seu livro (eu procurei livros sobre o assunto, mas claramente não muito bem), respondi e marcamos de conversar. Sua pesquisa era focada no século XX, e a minha começava onde ela tinha parado.[2]

Carey me contou que, após sua apresentação, durante a sessão de perguntas e respostas, reparou que estava no caminho certo.

— As mulheres do tráfico estavam se escondendo à vista de todos em jornais, nos livros e em documentos. E mesmo assim nós, coletivamente, não as enxergamos. Sei que surpreendi a todos com esse tópico porque estava falando de uma mulher num período anterior e indo para uma direção nova. Isso continua a surpreender, quase vinte anos depois, e é por isso que nosso trabalho é tão importante.[3]

Quando se trata do crime organizado, a história raramente é escrita pelos vencedores, porque raramente há algum. Apesar da fama e da glória que alimentam a lenda da máfia, a maioria dos gângsteres, dos chefes até os soldados rasos, terminam ou mortos ou presos. Se, e quando, são soltos, quase todos passam o resto de suas vidas preocupados com a possibilidade de antigos rivais quererem acertar as contas. São poucos os que têm a sorte de envelhecer no anonimato.

A maioria esmagadora de quem escreve a história do crime organizado ou processa aqueles envolvidos com esses delitos – acadêmicos, jornalistas e autoridades policiais – é homem. Carey diz:

— A história tem minimizado o papel das mulheres no crime organizado. Jornalistas e historiadores, predominantemente homens, adoravam os mitos sobre gângsteres e os propagavam. As mulheres são esposas, mães, irmãs e amantes, mas raramente são vistas como parceiras em pé de igualdade. Elas não ficavam só mexendo o molho no fogão. E, mesmo quando ficavam, elas estavam ouvindo.

Um especialista em gangues latino-americanas, Dennis Rodgers, concorda:

— A mídia e o mundo acadêmico são muito culpados por apenas projetarem as mulheres ou como vítimas do narcotráfico, aquelas que sofrem suas consequências, seja como mães de adictos, seja como esposas sofredoras de traficantes, ou como pessoas que não se envolvem com esse tipo de coisa. E eu acho que ambas as abordagens estão muito erradas.[4]

Rodgers, assim como Carey e eu, também aponta que muitos dos pesquisadores do crime organizado são homens. Essa perspectiva masculina enquadrou as mulheres em noções masculinas sobre elas, o que ofusca o real poder das mulheres e os papéis que desempenham no narcotráfico. Carey acredita que as presunções masculinas os impediram de reconhecer mulheres como figuras centrais:

— O fato é que os homens que escrevem sobre o crime organizado e o narcotráfico nunca se importaram em perguntar sobre as mulheres.[5]

Também existe um certo nível de machismo ligado ao simples ato de cobrir esses assuntos, ao menos na minha experiência. Quando jornalistas e acadêmicos do sexo masculino pesquisam e escrevem sobre tráfico de drogas, são amplamente vistos como corajosos, mesmo quando têm filhos. Quando eu conto para as pessoas o que faço, é comum que me perguntem se essa é uma ocupação adequada ou inteligente para uma mulher com filhos.

— Vamos falar a verdade — propõe Rodgers —, muitos dos pesquisadores são homens de um jeito muito macho. Existe um tipo de machismo sexual em se dizer "eu estudo isto ou aquilo".[6]

Na condição de mulher que cobre drogas e crimes na América Latina há quase quinze anos, eu notei de imediato a invisibilidade das mulheres nesses espaços e a falta de narrativas femininas que ultrapassem os estereótipos de gênero. As mulheres que tendem a aparecer mais na mídia convencional são aquelas que se envolvem romanticamente com algum narcotraficante – mulheres como Emma Coronel, a esposa de El Chapo. Mas não porque as mulheres não estejam envolvidas nessas atividades criminosas, em todos os níveis, desde o começo.

## O olhar masculino?

O ponto aqui não é criticar o trabalho formidável que é feito sobre o crime organizado, mas sim destacar que todos nós temos lentes através das quais vemos o mundo. Estou fazendo o melhor que posso para ser bem clara quanto às minhas: meu trabalho é motivado por e é um produto da minha posição como mulher no mundo. Quando estou pesquisando, eu quero falar com as mulheres na sala, e, quando falo como os homens, é sobre as relações deles com essas mulheres e suas visões sobre elas. Não acho que essa era uma prática comum no passado, mas, como mostra o trabalho de Elaine Carey, eu também não sou a primeira a adotá-la.

A Dra. Felia Allum, em sua vasta pesquisa sobre as mulheres na máfia italiana, ataca o que ela chama de "olhar masculino" na cobertura do crime organizado. Allum, uma professora sênior na Universidade de Bath, no Reino Unido, me disse:

— Nós só vemos metade da imagem, metade da foto, porque em sua maioria são os homens que estão olhando. Eles usam um filtro masculino, uma lente exclusivamente masculina, por isso [eles] só veem homens quando olham para seus próprios reflexos.

Ela acrescenta que o trabalho de pesquisa de mulheres sobre o crime organizado muitas vezes reflete essa mesma compreensão de gênero e poder centrada no masculino. Basicamente, é uma abordagem que define as mulheres como objetos sexuais e vítimas, e não as vê por ângulos e perspectivas que contradizem ou se afastam desses papéis. Não leva em consideração a agência da mulher ou sua influência sobre os homens ao seu redor, muitas vezes porque as mulheres poderosas do crime organizado não se encaixam nos clichês criados pelos protagonistas masculinos da indústria. Nem todos os mandachuvas falam e se comportam como Pablo Escobar ou El Chapo.[7]

A vitimização e a violência contra mulheres são uma parte vital do narcotráfico e do crime em geral; entretanto, por mais que as mulheres sejam extremamente vulneráveis a essa violência no narcotráfico, elas não se resumem a isso. O papel de esposas e namoradas é também crucial para o negócio, mas acredito que seja subestimado e mal compreendido. A importância das mulheres ligadas a homens poderosos por sangue, casamento ou envolvimento romântico no crime organizado tende a ser minimizada. Em contrapartida, a maioria esmagadora dos homens no crime organizado entram nesse meio graças às suas famílias ou por laços conjugais, mas isso não é usado como meio de marginalizar seu poder.

Allum argumenta que ver as mulheres apenas como vítimas não nos permite enxergar claramente a possível gama de papéis que elas talvez exerçam. Tira das mulheres sua agência, diz ela.[8] Seu trabalho sugere que as mulheres na máfia italiana funcionam mais como uma espécie de exército reserva, assumindo o controle quando seus maridos ou os membros masculinos de suas famílias são presos.[9]

Considerando o quadro geral, ou pelo menos um mais próximo da realidade em relação ao papel das mulheres no crime organizado, somos forçados a encarar uma verdade desagradável. Enquanto sociedade, muitas vezes resistimos a certas perspectivas porque elas nos fazem questionar entendimentos fundamentais sobre os quais nos apoiamos subconscientemente. Nossa crença de que os papéis das mulheres geralmente são de mãe protetora e de boa esposa nos traz segurança.

Com frequência as mulheres não são consideradas diretamente responsáveis por seus crimes por causa do seu gênero – nas sociedades patriarcais, somos encorajados desde o nascimento a perceber somente os homens como capazes de cometer crimes.[10] Preferimos dizer a nós mesmos que as mulheres são coagidas e cooptadas a cometê-los. A existência de mulheres ruins, malvadas, transgressoras que têm a audácia de fugir dos seus papéis de gênero aceitáveis como mães, cuidadoras, donas de casa e protetoras para (também) contrabandear e vender drogas, ameaça os próprios alicerces sobre os quais muitas civilizações são construídas. Essa dinâmica ajuda os homens a serem muito mais notados na esfera criminal, criando uma cultura de hipermasculinidade que aparentemente exclui as mulheres. Mas especialistas me contaram que as mulheres no submundo do crime se aproveitam do fato de serem constantemente subestimadas.

— Foi por serem subestimadas que elas conseguiram chegar ao topo tão rápido — disse uma promotora americana sobre casos que envolviam mulheres do alto escalão do narcotráfico.[11]

Por exemplo, no caso de Digna Valle, seu poder dentro da organização era um segredo bem guardado. Quem iria suspeitar que a irmã mais velha dos irmãos Valle estava tão envolvida no tráfico de drogas? Ela tinha tanta certeza de que não estava no radar que viajou para uma reunião em Miami, sem suspeitar de que o DEA já a tinha denunciado e que ela seria presa lá. Da mesma forma, Marllory Chacón Rossell, sobre quem você vai ler no Capítulo 3, era uma mulher glamourosa de classe média e, antes de chamar a atenção do DEA, viajou ao redor do mundo durante anos cumprindo suas funções na lavagem de dinheiro e no tráfico de drogas. Fazem parte de sua coorte de criminosos alguns membros do alto escalão do governo guatemalteco, e mesmo assim ela ainda não foi acusada por nenhum crime relacionado ao tráfico de drogas em seu país natal.

— Mulheres inteligentes utilizam os clichês de gênero a seu favor. Isso ajuda quando são processadas. Elas são a "vítima" — conta Carey.[12]

Um advogado que representou muitas traficantes poderosas no sistema judiciário dos Estados Unidos presenciou uma cliente mais velha na tribuna de uma sala de audiências encarnar o papel da vovó perdida de quem tinham tirado vantagem.[13] Mulheres são usadas por gangues na América Central para entregar mensagens de extorsão e cobrar pagamentos de vítimas, em grande parte porque é menos provável que elas sejam paradas e presas pela polícia.

Mulheres são seres multidimensionais – não só vítimas ou mães, não só vulneráveis ou submissas. Mas histórias simplistas que giram em torno de estereótipos de heróis e vilões, vítimas e criminosos, são sedutoras. Elas formam a espinha dorsal de inúmeras narrativas na mídia e na vida cotidiana. Mas, pela minha experiência, esses binarismos não refletem a natureza humana.

Não é apenas a nossa visão sobre as mulheres que é limitada quando vemos o crime organizado representado na mídia e na cultura popular. Muitas vezes os homens que atuam no crime organizado também são representados como indivíduos unidimensionais. Eles tendem a ser extravagantes, violentos e hipermasculinos, um estereótipo que deixa pouco espaço para a diversidade da vida real. Até agora homens gays têm sido praticamente invisíveis como figuras centrais dentro do crime organizado, algo que tem sido contestado com a aparição de personagens fictícios como Pacho Herrera, um traficante colombiano gay da série *Narcos*, da Netflix, e Omar Little, o gângster negro, gay e sentimental de Baltimore, da série *The Wire*, da HBO. Mas, via de regra, os homens do crime organizado com visibilidade na mídia, no mundo acadêmico e na ficção são reduzidos a clichês centrados em narrativas que vendem e cativam em vez de refletirem a realidade.

Talvez El Chapo seja o último exemplo contemporâneo de lenda masculina no tráfico de drogas. Sua captura, com posterior julgamento e condenação à prisão perpétua em um tribunal de Nova York, em 2019, foi um dos maiores casos de tráfico de drogas da nossa geração e gerou milhões de comentários na mídia e horas de cobertura televisiva. Bonnie Klapper, uma ex-promotora federal americana que se tornou advogada criminalista, defendeu dezenas de mulheres do alto escalão de acusações relacionadas ao tráfico de drogas. Ela me disse:

— Se a versão feminina de El Chapo existir, ela não vai ser acusada porque as pessoas não estão à sua procura.[14]

## Violência não é o único prisma

Klapper levanta um ponto pertinente: nossa compreensão das mulheres no narcotráfico é baseada num modelo estabelecido pelos homens célebres que já conhecemos, ou seja, mulheres que são violentas e que estabelecem conexões comparáveis às de Chapo ou Escobar – o que inclui algumas das protagonistas deste livro. Sebastiana Cottón Vásquez e Marixa Lemus Pérez, assim como figuras históricas como a colombiana Griselda Blanco Restrepo, a "madrinha homicida", são as mais visíveis. Quando li sobre Blanco, e depois descobri Cottón e Lemus, também caí nessa forma de pensar: *Impressionante! Elas são violentas e poderosas! Empoderamento feminino? Confere!*

Mas acho que isso foi um erro. Mulheres que são poderosas, no sentido de serem violentas, são em alguns aspectos a exceção à regra para as mulheres do narcotráfico. Temos a tendência de notar mais seus atos violentos e ignorar todo o resto, porque esse é o prisma através do qual nós olhamos para o poder no crime organizado, um produto do olhar masculino. Isso não é só um reflexo dos estereótipos de gênero, mas, sim, literalmente, o modo como os homens (e algumas mulheres) documentam o crime organizado, isto é, através de uma lente que coloca a violência, e apenas a violência, no centro do poder. Assim como os Chapos e Escobares deste mundo, as mulheres que exercem autoridade por meio da violência raramente matam seus rivais com as próprias mãos.

Elas têm empregados que fazem isso por elas. A violência que elas infligem é delegada e, por isso, menos direta.

O jornalista americano Douglas Farah, que se tornou um analista de segurança, viveu isso em primeira mão. Após o chefe do tráfico colombiano Pablo Escobar ser encontrado e morto em dezembro de 1993, Farah foi ao seu funeral, que ocorreu num dia chuvoso em Medellín.

— Provavelmente foi um erro — Farah me contou, gargalhando, anos depois em uma entrevista. — Foi quase um erro fatal.

Agora ele ri, mas na época não foi nada engraçado.[15]

Hermilda de los Dolores Gaviria Berrío, a mãe de Escobar, estava no funeral.[16] Ela era uma pessoa extremamente influente no Cartel de Medellín, disse Farah, mas quase nunca era mencionada.

— Eu fui [ao funeral] com o cara do *Los Angeles Times*. Eu até consigo me misturar, mas esse cara tinha um metro e noventa, *bien* gringo. E ela vê a gente e começa a apontar, dizendo: "*Esos hijos de puta mataron a mi hijo!*" [Esses filhos da puta mataram o meu filho!], apontando para nós, como imprensa estrangeira. E então [os homens que estavam com ela] começaram a nos chutar e a cuspir em nós. Chovia e nós estávamos nesse montinho de grama, e, quanto mais tentávamos escapar, mais escorregávamos e caíamos de bunda no chão. Era como uma comédia pastelão. E ela [Hermilda] era, bem, ela era uma peça rara.

O machismo na cultura da droga tende a encorajar figurões a diminuir ou a esconder as mulheres e seu poder nas suas organizações.

— Mas nós [jornalistas, pesquisadores] também não nos aprofundamos — reconhece Farah. — Não pressionamos para entender as dinâmicas familiares e todos esses grupos. Eram todos estruturas típicas de clãs.

— Existe uma confusão entre poder e violência. Então se presume que mulheres que usam a violência estejam demonstrando seu poder — diz Mo Hume, professora da Universidade de Glasgow, Escócia, que estudou extensivamente mulheres, crime e violência.

Por essa lógica, Hume aponta, quem não é violento, não é poderoso.

— O poder não funciona assim. O poder circula. É um tipo de rede, é uma rede de contatos, é fluida, e não é estática. Então eu acho que precisamos repensar algumas de nossas perguntas em torno disso. E acho que isso também se aplica aos homens. Quando olhamos para os homens e quando eles aparecem, você sabe, é o gângster, hipermasculino, o que for, o que também é muito redutivo em termos da masculinidade deles em suas identidades.[17]

## Uma breve história

Quando Elaine Carey se apresentou em Salt Lake City, ela apresentou uma pioneira à sua plateia. Mulher latina de pele escura no começo da década de 1920, num México pós-revolução, María Dolores Estévez Zuleta é o exemplo mais antigo de que se tem notícia de como, desde o início do comércio de drogas ilícitas e da "guerra às drogas" que ainda grassa hoje em dia, as mulheres da região estiveram no comando, fazendo, contrabandeando, transportando e vendendo narcóticos.[18]

Quando subiu ao poder, Estévez personificava mais do que uma história incrível: ela era uma ameaça existencial para o poder em voga. Seu envolvimento no narcotráfico violava os estereótipos de gênero e as expectativas daquele tempo, e – talvez de maneira tão diabólica quanto – deu a ela o tipo de riqueza e *status* que excedia, e muito, o das outras pessoas de sua cor e classe, Carey explica em seu livro.[19]

*Décadas de 1920 até 1980*

Fotos do "Inimigo Público Número 1" - parte de um decreto promulgado pelo presidente mexicano Manuel Ávila Camacho em 1945 - mostram uma mulher baixa, de cabelos longos e pretos e de pele escura. Nascida em 1906 e criada no agitado bairro de La Merced, na Cidade do México, María Dolores Estévez Zuleta jamais poderia ter imaginado, quando começou a contrabandear maconha e morfina, com apenas 13 anos, para sua mãe, que um dia fundaria e lideraria um império de drogas que ultrapassaria a fronteira com os Estados Unidos. Naquela época, uma mulher da sua cor e classe na sociedade mexicana costumava ser objeto de discriminação, colorismo e completo desdém por todos ao seu redor. Construir uma organização com tamanho sucesso era um grande feito. Ela ficou conhecida como Lola "La Chata" e foi uma das primeiras grandes traficantes transnacionais de drogas no México, de acordo com documentos de arquivos reunidos por Carey e outros historiadores e acadêmicos. Ela com certeza foi a primeira mulher a se tornar chefe do narcotráfico na história do México.[20]

Quando o governo americano ficou sabendo que as autoridades mexicanas planejavam prender um proeminente narcotraficante, o diretor do FBN (sigla em inglês para Federal Bureau of Narcotics - Agência Federal dos Narcóticos), Harry J. Anslinger, provavelmente ficou surpreso ao ler no arquivo que lhe foi enviado com a informação da prisão iminente que a criminosa procurada era uma mulher. Até aquele momento, as mulheres eram retratadas na indústria do tráfico principalmente como usuárias ou traficantes de rua.[21]

No início do século XX, o México já servia de escala para o tráfico de ópio em direção aos Estados Unidos. Anos antes, imigrantes chineses recém-chegados começaram a cultivar papoula e a produzir ópio no norte do país, nos estados de Sonora e Sinaloa. O governo americano aprovou a Lei Harrison para Narcóticos no final de 1914, que efetivamente criminalizou a produção de ópio, levando a um subsequente *boom* do comércio ilegal com o crescimento da demanda e do número de adictos.[22]

Quando garotas como Estévez - pobres, de pele escura e com pouco acesso à educação - cresciam e se tornavam mulheres, tinham pouco acesso às oportunidades que as mulheres das classes mais elevadas recebiam no México pós-revolução. Para ela, a vida era correria, algo que aprendeu em La Merced e com a mãe. Com o aumento da demanda por ópio e maconha, uma oportunidade bateu à sua porta. A mãe de Estévez trocou a venda ambulante de torresmo e café por ópio e maconha. Estévez seguiu seu exemplo e expandiu os negócios, passando da venda de drogas numa banquinha de mercado para o tráfico em casa e depois cruzando a fronteira com a mercadoria para os Estados Unidos, onde a demanda e o lucro eram maiores. Ela se casou com o ex-policial mexicano Enrique Jaramillo, e os dois usaram os contatos dele na corporação para agilizar os negócios. "A habilidade de La Chata, contudo, era o que a tornava única em comparação com as outras mulheres do tráfico", escreve Carey: "A relação dela com Jaramillo contribuiu para seus negócios, mas tanto as autoridades mexicanas quanto as americanas a consideravam uma traficante tão importante quanto seu marido, se é que não superior".[23]

A mãe de Lola foi tão determinante quanto Jaramillo para o futuro dela no crime. As narrativas existentes sobre mulheres no narcotráfico tendem a focar como os homens influenciam suas esposas, irmãs, filhas e amantes a entrar no mundo do crime. Geralmente, as esposas e namoradas de grandes traficantes são as mulheres que ganham visibilidade na mídia e representações na cultura popular. Mas o que costuma ser amplamente ignorado é o quanto as mulheres influenciam umas às outras nesse universo, por meio de relações entre mães e filhas, irmãs, amigas e parceiras de negócios.

Essas relações entrelaçadas e sobrepostas de mulheres com mulheres, e também de homens com homens, estão em constante mudança e evolução nos clãs criminosos, assim como em qualquer família ou grupo. Quem é parente de quem, quem está dormindo com quem, quem é amigo de quem – essas são as dinâmicas da vida. Mesmo assim, quando tentamos entender o jogo de influências nas gangues e nos cartéis, basicamente damos mais ênfase ao controle que os homens exercem sobre as mulheres, e é isso. Mulheres também controlam homens e outras mulheres, e isso é algo que precisa ser levado em consideração.

Tanto Estévez quanto sua mãe começaram seus negócios no mercado local, um espaço onde as mulheres dominavam e tinham livre trânsito. O mesmo pode ser dito sobre as residências familares, onde outra traficante – Ignacia Jasso, que ficou conhecida como "La Nacha" – também começou suas atividades no tráfico por volta da mesma época que Lola La Chata, no início do século XX.[24]

A mãe de Estévez foi fundamental para ela se tornar Lola "La Chata", e Lola também introduziria suas duas filhas, Dolores e Maria Luisa, nos negócios. La Nacha fez o mesmo com suas filhas. Durante minhas pesquisas para este livro, identifiquei um forte padrão de mulheres trazendo outras mulheres para o tráfico. De Lola "La Chata" a Maria, uma traficante de armas que conheci no bairro de Tepito, na Cidade do México, e nossa matriarca Digna Valle, que trouxe seus filhos, incluindo sua filha Tesla, para os negócios, mulheres são fundamentais para influenciar outras mulheres e determinar seus destinos no ramo do crime. Essa dinâmica matriarcal em narrativas sobre a história do narcotráfico é amplamente ignorada ou minimizada.

La Nacha era casada com um traficante de relevância. Quando ele foi morto, ela começou a usar os contatos que ele tinha estabelecido para comprar e vender narcóticos de sua casa, assumindo seu lugar no comando das operações de produção de droga. Ela, assim como Lola, trouxe sua família para o tráfico e acabou se tornando uma ameaça tão grande – por causa da quantidade de droga que estava vendendo nos Estados Unidos – que os americanos queriam que ela fosse extraditada. Isso nunca aconteceu. Em vez disso, La Nacha foi presa no México e, enquanto estava na prisão, suas filhas deram continuidade aos negócios.[25] La Nacha morreu em liberdade na década de 1980. Ela e Lola viveram muito mais do que a grande maioria dos seus equivalentes homens no ramo.

### *Década de 1970 até os dias atuais*

Por volta da época em que La Nacha morreu, mulheres protagonistas no narcotráfico estavam em evidência e mais expostas ao DEA, que tinha sido criado no começo da década de 1970. "As mulheres ocupam um papel no comércio de drogas ilícitas na América Latina exercendo todas as funções, desde o papel de 'aviãozinho' até o de chefes da organização criminosa", afirma um artigo de 1975 do *The New York Times*, publicado após a prisão de um grande número de importantes mulheres traficantes no México, Colômbia e Argentina.[26] Além do ópio e da maconha que La Nacha e Lola "La Chata" contrabandeavam, havia uma coisa nova, a cocaína, que estava jorrando no norte a partir de sua base de produção nas montanhas da América do Sul. Naquele tempo, as mulheres controlavam algumas das rotas entre esse continente e grandes cidades americanas.

Uma das mulheres que chamava a atenção das autoridades em meados da década de 1970, de acordo com o *The New York Times*, era Yolanda Sarmiento, descrita como "uma mulher pequena, troncuda, de meia-idade e de origem chilena, dona de três lojas de perucas em Buenos Aires". Rhyn C. Tryal, diretor do DEA na Argentina naquele tempo, descreveu-a como "uma das traficantes mais brilhantes de todos os tempos",[27] e declarações da agência a colocavam "entre as organizadoras do narcotráfico mais procuradas do mundo".[28]

Sarmiento se mudou para a Argentina aos 20 anos, onde passou a administrar uma loja de perucas e chapéus descolados que ela usava como fachada para suas atividades ilegais de tráfico, cujo foco era levar cocaína da América do Sul e heroína da Europa para os Estados Unidos. Inovadora, ela se aproveitou do fato de que a indústria do vinho na América do Sul - assim como o tráfico de cocaína - estava em forte expansão e usou garrafas para ocultar pequenos pacotes de drogas e transportá-los para os Estados Unidos. Ela era violenta na mesma medida em que era inteligente, e acabou sendo denunciada - entre outras coisas - pelo assassinato de um traficante rival em Nova York e por cortar ela mesma o corpo da vítima em pedaços numa banheira, porque seu marido não foi capaz de fazê-lo.[29] Ela também ajudou seu companheiro a escapar da prisão.

Griselda Blanco, sua contemporânea, é talvez uma das *patronas* mais infames de todos os tempos. Uma das principais fornecedoras de cocaína em Nova York a partir de sua base em Medellín, na Colômbia, ela começou de baixo e, por meio da violência e de suas conexões, criou uma formidável operação de tráfico internacional. Blanco deu ao seu filho o nome de Michael Corleone, em homenagem ao personagem de Al Pacino no filme *O Poderoso Chefão*, claramente seduzida pelo mundo do qual era parte. Mas seu poder não vinha só da violência. Ela aprendia rápido e sabia se adaptar. Após se casar com um contrabandista, entrou para o mundo do tráfico de pessoas e aprendeu a falsificar documentos. Depois foi para o tráfico de cocaína, que explodiu, e boatos dizem que foi a mentora de Pablo Escobar.

Os maridos e amantes de Blanco foram fundamentais no começo de sua carreira criminosa - algo que notamos na vida de muitas mulheres no crime organizado. Possuir conexões com homens poderosos no mundo do crime costuma ser benéfico. Mulheres que fazem parte de gangues na América Central muitas vezes procuram namorar membros da gangue Mara Salvatrucha (também conhecida como MS-13) como modo de sobreviver. Possuir laços com membros dessa gangue pode lhes garantir que outros homens não mexam com elas. Também faz com que sejam (precariamente) respeitadas em suas comunidades. Todas as mulheres do narcotráfico vivem no mundo real e interagem com homens e outras mulheres todos os dias – sexo e conexões sociais são resultados inevitáveis da vida cotidiana.

Mas, assim como no mundo real, existem dois pesos e duas medidas em vigor no narcotráfico. Mulheres que misturam negócios com sexo são acusadas de usá-lo como "ferramenta" para subir ou de usar seus "encantos femininos" para conseguir o que querem. Suas relações sexuais costumam ser usadas como principal justificativa para seu poder, sua ascensão ou sua influência, o que acaba por marginalizá-las. Tudo o que vemos é o comportamento sexual dessas mulheres, e esse reducionismo é carregado de julgamentos morais que implicam que mulheres usam o sexo para se beneficiar ou para aumentar suas chances de sobrevivência. Enquanto isso, homens fazem exatamente a mesma coisa, mas apenas não são julgados.

Durante o julgamento de El Chapo em Nova York, uma testemunha-chave contra ele foi uma mulher chamada Andrea Vélez, sua ex-assistente pessoal. Ela é uma das poucas testemunhas que tiveram a coragem de depor como vítima no julgamento de El Chapo detalhando os efeitos psicológicos e emocionais dos seus crimes sobre ela. Vélez também foi amante dele por um tempo, e, quando o relacionamento acabou, ele ordenou a um grupo dos Hell's Angels que a assassinasse. O plano, porém, deu errado. O depoimento de Vélez revelou não só que o papel dela tanto na vida pessoal de Chapo como em suas atividades ilegais era fundamental, mas também que ela acabou virando informante do FBI contra ele, mas que não guardava nenhum ressentimento. Segundo consta, ela disse para El Chapo no tribunal:

— Eu o perdoo, assim como espero que você possa me perdoar.[30]

Enquanto lutava para ascender nos negócios, Griselda Blanco recrutou mulheres mais instruídas para trabalhar com ela (uma delas, Yaneth Vergara Hernández, é retratada no Capítulo 3). A escritora Elaine Carey também observa que Blanco tinha muitas amigas, as quais levava para fazer compras, para festas e para salões de beleza, na esperança de recrutá-las para manipular os homens ao seu redor e assim ela ganhar alguma vantagem. "De certo modo, sua vaidade mascarava sua fantástica habilidade de ler os pontos fortes e fracos dos homens com quem ela se relacionava", Carey escreve, "fossem elas competidoras ou parceiras".[31] Muitas das associadas de Blanco no tráfico depuseram contra ela quando foi enfim julgada.

Assim como Sarmiento e Blanco, outras chefonas que entraram no foco da cultura popular também tendem a ser mostradas no contexto dos seus relacionamentos com os homens ao seu redor. Por exemplo, Sandra Ávila Beltrán e Enedina Arellano Félix são ambas mulheres do cartel mexicano recentemente retratadas em livros e séries de TV. Elas foram representadas na série *Narcos: México*, da Netflix, e Ávila Beltrán recentemente reapareceu com seu próprio canal no TikTok.[32]

Você vai ter dificuldades em achar qualquer coisa sobre Ávila Beltrán que não mencione seus namorados, sua boa aparência, seu charme e suas aplicações de Botox, assim como a família de traficantes da qual ela vem. Ela supostamente é sobrinha de Miguel Ángel Félix Gallardo, tido por muitos como o "poderoso chefão" do narcotráfico mexicano e líder do que se acredita ser o primeiro cartel do México, o Cartel de Guadalajara.[33] Sabemos pouco da sua relação com as mulheres dessa dinastia do tráfico e da influência delas em sua ascensão e poder. Um relatório elaborado pelo Congressional Research Service em 2008 descreve Ávila Beltrán como "um alto membro do Cartel de Sinaloa que foi fundamental" para a construção de laços com traficantes colombianos.[34] Ela passou um total de sete anos na prisão, dois deles em isolamento, e mesmo assim as narrativas sobre ela a reduzem ao estereótipo de um objeto sexual.

Enedina Arellano Félix, que assumiu o comando do Cartel de Tijuana por volta de 2003, depois que seus irmãos foram presos e extraditados, é muitas vezes chamada de uma "mamãe narco" (*Narcomami*), indo diretamente ao âmago de um dos mais sagrados clichês femininos: o papel das mulheres como mães. Existem poucas informações públicas sobre ela – sabe-se que estudou Contabilidade em uma universidade particular, o que provavelmente a preparou para administrar as finanças do cartel. Há informações de que ela é menos agressiva e violenta que seus irmãos, mas pode ser que isso se deva a suposições sobre o comportamento das mulheres no narcotráfico, e não a evidências empíricas.[35]

O apelido de Mamãe Narco enfatiza o fato de Arellano Félix ter filhos, justapondo os papéis de mãe e traficante de drogas. O fator "mãe" no narcotráfico talvez seja a verdade mais desconfortável de todas, porque viola uma de nossas crenças mais básicas: a de que mães supostamente são cuidadoras, donas de casa, bondosas e protetoras. Se as mulheres não ficam em casa para ter filhos, cuidar deles e manter seus homens satisfeitos sexualmente, isso significa que estão se desviando de muitas expectativas culturais básicas. Essas expectativas fazem com que seja um tabu caracterizar mulheres como traficantes de drogas ambiciosas, ardilosas e violentas, mesmo quando as evidências sugerem que é isso que elas são. Talvez seja por causa desse tabu que as relações de mulheres traficantes com suas próprias mães e com outras mulheres tenham sido negligenciadas pela mídia e pelas narrativas culturais em favor de um foco em como seus pais, maridos, tios e irmãos as influenciaram.[36]

Nunca vi um traficante de renome com filhos ser chamado de "*Narco Papi*".

Quer as narcotraficantes do sexo feminino sejam mães, quer sejam irmãs tias, esposas, amantes ou avós, com certeza elas não estão apenas "mexendo o molho", como diz Carey. Elas exercem um papel central na indústria da droga desde a sua criação. E algumas delas, como uma das mulheres retratadas no próximo capítulo, são donas de carreiras criminais que duraram décadas e abarcaram múltiplos grupos criminosos.

CAPÍTULO 3

# TRAIÇÃO EM UMA ALIANÇA A TRÊS ENTRE MULHERES DO TRÁFICO

Em 10 de junho de 2013, três mulheres se encontraram na Guatemala para discutir seu acordo para o tráfico internacional de cocaína. Uma dessas mulheres era uma colombiana chamada Yaneth Vergara Hernández. Ela planejava comprar e empacotar quase meio milhão de tonelada de cocaína na sua cidade, Medellín, e transportá-la para o norte, pela América Central e pelo México, até os Estados Unidos. As outras mulheres, Sebastiana Cottón Vásquez e Marllory (se pronuncia Marjory) Chacón Rossell iriam ajudá-la.

As três estavam nesse meio havia décadas. Todas tinham trabalhado com grandes mandachuvas do tráfico, mas muitos deles tinham sido presos e/ou extraditados recentemente. O único homem na reunião naquele dia – Oliverio Fernando Paleaz Solano – iria coordenar a rota aérea para a carga de drogas. Marllory tinha organizado a reunião em sua casa para apresentar Sebastiana e Yaneth – com as quais já tinha trabalhado – uma à outra.

O encontro colocaria em ação um acordo liderado por mulheres para o tráfico de drogas que viria a ser o último das três, das quais uma estava trabalhando como informante do DEA naquele dia e iria entregar suas sócias na esperança de reduzir sua sentença.

Sebastiana era uma camponesa que tinha se transformado numa violenta chefe do tráfico local. Ela não foi atrás do narcotráfico, ele que a encontrou. Carregamentos ilegais de cocaína, maconha e heroína atravessavam a cidade interiorana de Malacatán, em San Marcos, desde o nascimento dela ali. San Marcos faz fronteira com o estado mexicano de Chiapas e é um importante ponto de passagem para cocaína e outras drogas que chegam do sul em direção ao norte, no México. Esse trânsito diário de mercadorias acontece sob a vigilância de organizações criminosas locais, como o Cartel de Sinaloa, que era um dos clientes de Sebastiana. Assim como Digna Valle em Honduras, Sebastiana tinha a responsabilidade de garantir que os carregamentos do cartel atravessassem a fronteira em segurança.

A história de Marllory era diferente. Vinda de uma família de classe média e com um diploma universitário, ela era astuta, sofisticada, inteligente e tinha alguma experiência em negócios legítimos. Ela assumiu os negócios quando o marido foi preso por lavar dinheiro de origem ilícita do crime organizado colombiano. Quando imagino as três se encontrando na casa de Marllory naquele dia, ela está bem vestida, com cabelos e maquiagem impecáveis. Sebastiana é mais baixa, mais redonda, mais rechonchuda, com um sorriso sarcástico e malicioso que se destaca nas fotos publicadas na mídia e nos documentos do tribunal.

Quanto a Yaneth, só o que eu vejo é um espaço vazio na sala.

---

A carta foi escrita à mão e enviada da prisão federal de Aliceville, no Alabama. Endereçada a mim, foi enviada à sede da *VICE*, em Nova York, em resposta ao monte de cartas que enviei a todas as mulheres que investiguei para escrever este livro. Yaneth, agora com pouco mais de 60 anos, foi a única a responder.

Em meados de outubro de 2021, quando recebi um e-mail da recepção da *VICE* com uma foto da carta, reparei no remetente informado no envelope e meu coração disparou. De todas as mulheres que eu estava investigando, ela era a mais invisível e misteriosa. Não consegui encontrar nenhuma foto dela, nenhum registro policial com foto, nada. Era um enigma, uma pessoa oculta. Portanto ela era a última pessoa de quem eu esperava receber uma resposta.

— Espero que você esteja bem de saúde — ela escreveu. — Peço desculpas por não ter respondido antes, tudo está muito difícil por causa da covid... Quero que você me explique do que você precisa. Eu fui presa na década de 1980 e saí na década de 1990. Como você sabe, eu trabalhei por um tempo com Griselda Blanco e outros.[1]

Aquilo era novidade para mim. Griselda Blanco era a traficante mulher mais famosa da região. De longe. Durante a década de 1980, Griselda era uma figura de peso na indústria da cocaína, e naquele período ela se cercou de homens e mulheres - muitas delas muito mais instruídas e ricas do que ela - a fim de criar uma rede de tráfico internacional que a transformou em uma lenda. Aparentemente Yaneth era uma dessas mulheres, e então eu percebi que aquele seu período atual na prisão era sua segunda vez atrás das grades por tráfico de drogas. Mais tarde eu descobri que ela estava envolvida com o narcotráfico desde a década de 1970, quando tinha por volta de 20 anos. Ela foi presa pela primeira vez no começo da década de 1980 e ficou detida por sete anos nos Estados Unidos. Quando foi solta em 1990 e deportada para a Colômbia, ela disse que tentou andar na linha, mas teve dificuldades em ganhar o suficiente para sustentar o filho. Por isso, se envolveu mais uma vez com o tráfico de cocaína em 1997, disse, "por necessidade".

Sua carreira criminal é a mais longa dentre todas as mulheres que investiguei. E aqui estava ela, escrevendo uma carta para mim. Fiquei pasma e maravilhada.

— As outras duas pessoas já estão livres. — Ele me escreveu quando perguntei sobre a emboscada de 2013. — E a única com quem eu ainda mantenho contato é Sebastiana [Cottón Vásquez].[2]

Mas Yaneth conhecia Marllory havia mais tempo, e foi para ela que pediu ajuda quando um dos seus acordos anteriores perdeu fôlego.

## A queda do chefão

— É justo afirmar que é difícil ser mulher num mundo dominado por homens? — Michael Nadler, um promotor americano, perguntou a Yaneth num tribunal em Miami no final de fevereiro de 2018. Ela era testemunha no processo de Jesús López Londoño, vulgo "Mi Sangre" ("Meu Sangue", em português), que, durante seu reinado, foi um dos traficantes mais poderosos de sua geração e um importante contato de Yaneth.

— Sim — respondeu Yaneth.

— Você precisou trabalhar dobrado para essas pessoas gostarem de você e saberem quem você é? — perguntou Nadler.

— Sim — ela respondeu.[3]

López era um dos líderes da organização criminosa Los Urabeños na Colômbia quando Yaneth estava nesse meio. O grupo é uma dissidência dos violentos paramilitares que enfrentaram as guerrilhas na guerra civil que durou mais de cinquenta anos. Tanto os guerrilheiros quanto os paramilitares financiavam suas atividades, ao menos em parte, por meio do tráfico internacional de cocaína.

Naquele tempo, o grupo de López levava cocaína da Colômbia para o litoral da América Central e do México em lanchas de alta velocidade. O Los Urabeños cobrava uma taxa de outros traficantes e de intermediários para transportar as drogas deles por determinadas partes do país. Foi por isso que ele e Yaneth se reuniram em 2010: ela precisava pagar um pedágio para transportar seus carregamentos de cocaína de Medellín até as cidades litorâneas de Necoclí e Turbo, ao norte.

Ela apareceu no tribunal naquele dia para ajudar o governo americano a acabar com a esperança de López conseguir uma sentença mais branda para si mesma. Em 2016, Yaneth tinha sido condenada a dezoito anos de prisão e levada até o tribunal para testemunhar contra ele. Essa era uma dinâmica constante entre os protagonistas do crime organizado no sistema penal americano – traficantes menos poderosos depunham contra os mais poderosos com quem tinham trabalhado.

— Ele fazia parte do alto comando da organização — disse Yaneth aquele dia no tribunal, e ela tinha concordado em pagar a López para que ele autorizasse a passagem de seu carregamento de cocaína.

O julgamento de López foi muito importante para o governo americano. Naquele período, sua organização, Los Urabeños, era a "maior e mais influente BACRIM ("*banda criminal*", ou grupo criminoso, em português) atualmente em operação na Colômbia", de acordo com o Departamento do Tesouro, e uma das maiores fontes de cocaína ilegal que inundava os Estados Unidos.[4] López tinha conseguido evitar a prisão por muitos anos quando finalmente foi capturado em 2012 na Argentina e extraditado para os Estados Unidos. Ele era um peixe grande, e os americanos estavam determinados a fazer dele um exemplo. Yaneth foi uma testemunha-chave no julgamento em que López acabou sendo condenado a trinta e um anos de prisão.[5]

Comparada a López, Yaneth era uma desconhecida. Talvez por isso ela estivesse sempre se preparando para a queda dele, desenvolvendo diferentes conexões que possibilitassem rotas alternativas para o transporte de sua cocaína para o norte. Uma dessas relações era com Marllory.

## A ascensão das rainhas

Yaneth buscou a ajuda de Marllory pela primeira vez quase uma década antes da reunião com Sebastiana em 2013. Ela tinha um problema de 8 milhões de dólares: uma tonelada de cocaína parada em Honduras sem um comprador. Seu acordo original acabou não dando certo, então Yaneth entrou em contato com Marllory para que ela a ajudasse a encontrar um novo investidor, e rápido. E é por isso que, numa noite de abril de 2004, Marllory e seu marido foram jantar num rancho em Izabal, Guatemala, um corredor vital para o transporte da cocaína de Honduras para o México e os Estados Unidos.

Os anfitriões de Marllory naquela noite foram Eliu Lorenzana-Cordon e sua esposa, Tavi. O irmão mais velho de Eliu, Waldemar Lorenzana-Cordon, também estava presente. A família Lorenzana era uma das organizações criminosas internacionais "mais violentas e sofisticadas" em operação no mundo naquela época, de acordo com o Departamento de Justiça dos Estados Unidos.[6] Marllory esperava que Eliu ajudasse a ela e à sua amiga adiantando o dinheiro da droga e transportando-a para o norte.

— Conversamos sobre a logística para buscar a cocaína [em Honduras] e entregar os dólares, e o preço da cocaína — recordou Marllory anos mais tarde no tribunal, quando depôs contra os irmãos Lorenzana.[7]

Enquanto ela falava, Eliu a mediu da cabeça aos pés. Sua cara rechonchuda e as entradas no couro cabeludo destoavam do fato de que ele era um dos chefes do tráfico mais poderosos do país. Ele não estava acostumado a fazer negócios com mulheres. Com pouco mais de 30 anos, longos cabelos castanhos-claros e pele clara, ela era bem diferente das pessoas com quem Eliu costumava negociar. Sem dúvida uma mulher de classe média, Marllory tinha alguma educação universitária (ela largou os estudos antes de se formar) e chegou a gerenciar alguns negócios legítimos antes de entrar para o narcotráfico. Suas experiências profissionais passadas a ajudariam a criar uma série de negócios na região que ela depois usaria para lavar o dinheiro de seus clientes.

— Eu não conheço você — disse a ela Eliu —, mas, só de olhar nos seus olhos, sinto que posso confiar em você.

O acordo foi selado, e assim começou uma relação que duraria anos.[8]

## Zacapa

Em março de 2021, cheguei bem perto da casa onde Marllory se encontrou pela primeira vez com os irmãos Lorenzana, quando visitei a cidade de Zacapa, localizada na Guatemala, a uma hora de carro da fronteira com Honduras. Dois dias antes, eu tinha estado em El Espíritu, falando com Juanita e outros moradores da pequena cidade, e depois com a própria Digna Valle, e meus nervos continuavam à flor da pele. Eu sentia como se Digna e o clã Valle ainda estivessem comigo, e agora eu estava indo em direção ao território de Marllory.

Antes de o Cartel Valle de Digna ser desmantelado pelo governo americano em 2014, a cocaína que eles transportavam pela fronteira passava por Zacapa, que na época era controlada pela família Lorenzana. No momento de minha visita, os irmãos Lorenzana, Marllory e os Valles já não estavam mais por ali havia muito tempo, mas a cidade de Zacapa e o departamento onde está localizada continuam sendo um ponto central na rota do tráfico. Outros narcotraficantes preencheram o vazio deixado pelos Lorenzanas.

Cruzamos a fronteira de Honduras com a Guatemala em El Florido, onde troquei de motorista e embarquei no humilde sedan Tsuru dirigido pelo meu motorista guatemalteco. Minha colega e jornalista local Julie López sentou-se no banco da frente. Afastando--nos da fronteira, mergulhamos cada vez mais no ar quente e seco da Guatemala, que vinha da estrada e soprava em nossas caras. Depois de algum tempo, chegamos a Zacapa, onde fomos interrompidos por um buzinaço vindo de trás. Eu me virei para olhar pelo vidro traseiro e vi uma grande caminhonete preta. Seu motorista buzinava com insistência para que os outros carros saíssem da frente e ele pudesse parar no acostamento.

Dois homens estavam sentados no banco de trás. Ambos seguravam grandes armas automáticas e vestiam coletes à prova de balas. Eles estavam agitados e inquietos. Nenhum deles usava farda, e a caminhonete não era da polícia. Os carros ao redor faziam o que podiam para sair da frente.

Meu contato local, vamos chamá-lo de Juan, disse baixinho: "São eles. Por estas bandas, eles são a lei".

Juan é um ex-funcionário dos Lorenzanas, e, quando nos conhecemos, apesar de ainda ter trinta e poucos anos, ele já era vivido. Sentado comigo à mesa de um restaurante local, ele me contou que começou a trabalhar para a família quando tinha só 12 anos. Uma das suas funções era trazer armas de Honduras. Depois ele começou a usar drogas e a andar com os capangas do cartel, que era o braço armado da organização dos Lorenzanas.

— Eu perdi a maior parte da minha juventude totalmente envolvido nesse mundo — ele me disse.

Quando Marllory conheceu Eliu e Waldemar na Guatemala, naquela noite de 2004, ela já era uma lavadora de dinheiro de renome. Aquele jantar marcou o início de uma relação frutífera com os Lorenzanas, a qual lhe renderia o título de "uma das traficantes de drogas mais prolíficas da América Central" por parte do Departamento do Tesouro americano.[9]

— Marllory era uma pessoa brilhante e muito esperta, com habilidades empresariais de alto nível — me contou Steve Fraga, que foi agente do DEA por trinta anos e passou muito tempo investigando o tráfico de drogas na América Central.

— Acho que ela era uma pessoa que viu algumas oportunidades e as aproveitou com sucesso. Ela tinha uma mentalidade voltada para os negócios.

Se tivesse se candidatado para uma vaga numa grande empresa em vez do narcotráfico, disse Fraga, as coisas teriam sido muito diferentes para ela.

— Assim como em negócios legítimos — disse —, onde existem CEOs mulheres em todos os cantos do mundo, também existem mulheres CEOs ou que têm um papel de destaque nessas organizações do tráfico de drogas.[10]

Meu guia em Zacapa, Juan, lembra de ter visto Marllory na cidade quando ambos trabalhavam para o clã Lorenzana.

— Ela era uma mulher com muita presença e muito intimidadora por causa do tipo de gente que a cercava, e pela quantidade. Porque ela ia com seguranças para todo lado. Sempre tinha alguém na porta.[11]

Quando estava prestes a completar 20 anos, Juan estava exausto e largou a máfia. Mas Marllory ficou e subiu cada vez mais alto nos escalões da organização.

— O poder que [os Lorenzanas] exerciam sobre as pessoas era impressionante — disse Juan. — Eles controlavam tudo. E tinham não só o próprio exército particular como a polícia cuidando deles. Marllory era escoltada pela Guarda Nacional.[12]

A escolta da Guarda Nacional indicava que suas relações eram cada vez mais íntimas com o governo guatemalteco. Seus amigos em cargos mais elevados passaram a ficar cada vez mais sob escrutínio, incluindo a então vice-presidente, Roxana Baldetti, e o ministro do Interior, Mauricio López Bonilla. Naquela época, López Bonilla - o responsável por fornecer a Marllory a escolta da Guarda Nacional - era o funcionário mais alto da segurança a trabalhar em conjunto com os americanos na luta bilateral antinarcóticos. Há relatos que dizem que ela se encontrou com Baldetti[13] e convidou López Bonilla para uma reunião em sua casa em 2013, quando já tinha sido sancionada pelo Tesouro americano por lavagem de dinheiro e tráfico de drogas.[14]

Baldetti sempre negou veementemente conhecer Marllory, mas López Bonilla nunca o fez. Ainda não está claro por que ele forneceu a ela uma escolta policial se sabia que ela estava sendo investigada pelos Estados Unidos por seu envolvimento no narcotráfico.

Quando Marllory foi sancionada em 2011, o governo americano disse que em algum momento ela chegou a lavar cerca de 10 milhões de dólares de lucros provenientes do narcotráfico por mês. Quando as sanções foram promulgadas, o diretor do Escritório de Controle de Ativos Estrangeiros do Departamento do Tesouro dos Estados Unidos, Adam J. Szubin, disse: "As atividades criminosas de Marllory Chacon e seus laços com os cartéis mexicanos fazem dela uma figura imprescindível no narcotráfico".[15]

A ação do governo americano pressionou Marllory a repensar seu futuro, e também o dos seus associados.

## La Reforma

A menos de uma hora de distância de carro de Zacapa, fica a pequena cidade de La Reforma, que um dia já foi o lar dos irmãos Lorenzana. Ela fica às margens da Rodovia CA9, a rodovia transoceânica que sai da costa leste de Honduras, passa pela Cidade da Guatemala e termina na costa oeste do país – uma rota conhecida localmente e pelos esforços conjuntos de combate ao crime como "rodovia da cocaína". Quando perguntei para Juan se era seguro dirigir de Zacapa até La Reforma, ele respirou fundo e fez que não bem devagar com a cabeça. Mas em seguida ele apontou no Google Maps onde ficavam as mansões dos ex-chefes do tráfico em La Reforma, então pudemos pelo menos passar por elas de carro para dar uma olhada.

Antes de Eliu e Waldemar Lorenzana serem presos em 2011 e 2013, respectivamente, eles – assim como seu pai, que também era traficante – eram amados e temidos por estas partes. Quando agentes do DEA e policiais guatemaltecos tentaram prendê-los pela primeira vez em 2009, os moradores locais saíram em sua defesa, de acordo com reportagens da época. Vídeos mostram centenas de pessoas reunidas nas ruas segurando cartazes que diziam "família Lorenzana, estamos com vocês", e "DEA – *injusticia para la humanidad*" (DEA – injustiça para a humanidade).[16]

Quando fomos de Zacapa até La Reforma naquele dia, em março de 2021, fiquei, sim, apreensiva observando os campos secos e amarelados passarem pela janela. Em cidades assim, os forasteiros são imediatamente reconhecidos.

À primeira vista, La Reforma parecia um pequeno povoado como qualquer outro. Mas, conforme rodávamos, vi uma grande quantidade de casas enormes que faziam as outras, em sua maioria estruturas térreas de blocos de concreto, parecerem minúsculas. Caminhões e carros novos em folha forravam as ruas em uma cidade cujo cidadão médio provavelmente não tinha dinheiro para comprar um sedan usado. O posto de bombeiros parecia bem equipado demais para um povoado tão pequeno. Juan disse que os Lorenzanas muitas vezes assumiam a oferta de serviços que deveriam ser financiados pelo Estado.

## Foi por um triz, forasteira

Quando Sebastiana Cottón Vásquez visitou La Reforma, não foi muito bem recebida. Na verdade, ela e seu grupo se viram em menor número e com menos armas. Foi em 2008, e ela estava irritada. Ela tinha pagado 3 milhões de dólares a Waldemar (a quem ela chamava de Don Walde) por cerca de quatrocentos quilos de cocaína, mas a droga não apareceu e ela tinha certeza de que ele a tinha roubado. Quando telefonou para dar uma dura nele, os dois brigaram aos berros, e ele disse a Sebastiana que fosse até seu rancho se quisesse continuar discutindo sobre o assunto. Ela morava em Malacatán, na costa oeste da Guatemala, próximo à fronteira com o México. De lá, ela facilitava e controlava o transporte de drogas para o México para clientes como os Lorenzanas e o Cartel de Sinaloa.

A viagem até o rancho de Waldemar era considerável, mas ela foi mesmo assim, porque havia 3 milhões de dólares em jogo e ela queria respostas.

Assim que colocou os pés na varanda da casa de Don Walde, Sebastiana - que descreveu o incidente anos depois, durante seu depoimento em um tribunal de Washington, D.C. - sabia que tinha cometido um erro. Mais de cem homens armados surgiram do jardim e cercaram a varanda onde ela e seu pequeno grupo estavam com Waldemar e um colega dele, Don Juancho, um outro traficante guatemalteco. Um helicóptero sobrevoava a propriedade.[17]

Sebastiana disse ao tribunal que estava com apenas quatro dos seus mais fiéis aliados: seu primo Max, seu filho Antonio, um parceiro mexicano chamado Lucas e outro empregado chamado Rudy. Ela era a única mulher ali. Don Walde pediu que se sentassem à mesa da varanda e, quando o fizeram, os homens armados se aproximaram. Don Walde e Don Juancho bateram suas armas na mesa, apontadas para Sebastiana e Lucas. Gritavam e brandiam os dedos no ar, indignados por serem acusados de roubo. Alegavam que tinham enviado a cocaína de Sebastiana escondida em um caminhão com compartimentos secretos.

— Toda vez que eu me mexia — disse Sebastiana —, mesmo que só para me ajustar na cadeira, Don Juancho encostava em sua arma.

Na tentativa de acalmar os ânimos, ela se levantou para usar o banheiro, mas, quando voltou, seu primo Max a puxou de lado.

— *Doña* Tana — falou —, vamos embora daqui. A coisa está feia. Don Juancho me disse que, se você fizer qualquer movimento, se se mexer, ele vai atirar em você.[18]

Enquanto isso, Don Walde e Rudy gritavam um com o outro, e, quando Sebastiana se sentou novamente, Lucas começou a chutá-la por debaixo da mesa. Ele olhou para ela e mexeu os lábios:

— *Vámonos! Vámonos!* [Vamos!]

A situação estava fugindo do controle.

Com muita calma, Sebastiana se levantou.

— O peixe grande comeu o peixe pequeno, e vou descobrir o que fazer — disse aos homens à sua volta.

Sem receber as drogas que tinha comprado, ela agora devia ao seu comprador mexicano 3 milhões de dólares que ele tinha adiantado pelo produto.

— Eu vou dar um jeito de pagar esse dinheiro — disse a Don Walde.

Os homens se acalmaram, e a tensão se dissipou. Seu grupo se levantou e deixou a casa de Don Walde, intacto. De acordo com Sebastiana, o dinheiro e a cocaína nunca foram encontrados.

Sebastiana e Don Walde se reencontrariam de novo na casa do irmão dele, Eliu, também em La Reforma. Quando Waldemar viu Sebastiana, ela diz que o homem entrou em pânico. Ele tinha certeza de que Sebastiana se vingaria pelos 3 milhões de dólares perdidos.

— Olha, *Doña* Tana — disse Waldemar, de acordo com o testemunho de Sebastiana —, se você for fazer alguma comigo, faça cara a cara, porque eu não vou ficar de braços cruzados esperando.

Sebastiana contou no tribunal que ficou perplexa durante essa interação.

— Então eu apenas sorri e perguntei: "Você está louco ou o quê?".

Mas o sorriso de Sebastiana é tudo, menos tranquilizador. Uma foto dela durante o julgamento mostra uma mulher com um sorriso complexo, ao mesmo tempo ameaçador, zombeteiro e seguro. Com uma pitada de violência. É um sorriso que sugere que não se deve mexer com ela.

Sebastiana, ao contrário de Marllory, era uma garota camponesa pobre de Malacatán, uma região descrita pelo promotor-chefe antinarcóticos guatemalteco, Gerson Alegría, como um "ponto estratégico crucial" na rota internacional do narcotráfico.[19] A cidade natal de Sebastiana é um importante acesso terrestre para o México, e também uma rota marítima essencial para o narcotráfico graças ao oceano Pacífico a oeste. Sua vida lá era difícil. Os homens em volta dela eram difíceis. Ela largou a escola depois da segunda série, mas não queria voltar para casa.

— Meu pai abusava da minha mãe na minha frente o tempo todo — Sebastiana contou à juíza Marcia Cooke durante uma das audiências em Miami em 2015. — [Ele] era alcoólatra e não sustentava nossa família.[20]

Sebastiana contou no tribunal que, aos 18 anos, foi raptada por um homem que viria a se tornar seu marido e pai dos seus cinco filhos.

— [Ele] era um homem muito nervoso, violento e dominador. Eu morria de medo quando ele estava por perto — conta Sebastiana.

Quando por fim ele a abandonou, Sebastiana começou a vender artigos contrabandeados para dar de comer aos filhos. Pouco depois, ela se casou de novo, dessa vez com um chefe do tráfico de drogas local. Quando ele foi assassinado, ela assumiu o lugar dele, de acordo com uma fonte de uma gangue rival que falou com a *VICE World News* na condição de anonimato. Nós nos encontramos num café no centro da Cidade da Guatemala, em março de 2021, para conversar sobre Sebastiana, e minha fonte estava nervosa. A fonte vestia um boné e uma máscara (o encontro aconteceu durante a epidemia de covid-19), mas não conseguia ficar quieta e olhava ao redor de si o tempo todo. A fonte uma vez teve uma discussão com a família de Sebastiana e me pediu que não entrasse em detalhes sobre isso por medo de ser identificada. Por experiência própria, a fonte chamou Sebastiana de uma pessoa violenta e de pavio curto.[21]

Mas o advogado de defesa de Sebastiana, William Clay, argumentou para um juiz americano que o que a tinha levado para o mundo do tráfico de drogas, mais do que casamento ou temperamento, tinha sido a geografia.

— Eu só quero que vocês entendam — ele disse ao tribunal. — Mãe solteira, todos esses problemas, sensação de insegurança, econômica e física, por ter sido violada num país classificado pelo Departamento de Estado como um dos mais perigosos da América Central... Era nesse ambiente que ela estava, numa área rural, dominada por homens muito machistas, muito maus e violentos.[22]

Ao longo dos anos, Sebastiana ganhou uma reputação terrível na região. Ela tinha conexões com o Cartel de Digna Valle em Honduras e com outros mandachuvas do narcotráfico na Colômbia, mais ao sul, e no México, ao norte. Era figurinha carimbada em Culiacán, onde trabalhava com o Cartel de Sinaloa de El Chapo.

— Essa era uma pessoa conhecida em toda a Guatemala, em todo o México, como uma mulher a ser temida, porque ela tinha condições de fazer muita coisa acontecer — conta a promotora americana Monique Botero durante a audiência para o sentenciamento de Sebastiana.

Durante sua carreira no tráfico, Sebastiana foi presa por forças federais de segurança – e liberada logo em seguida por razões desconhecidas – diversas vezes no México, de acordo com a mídia local.[23] Tal qual a cocaína que traficava, ela tinha tráfego livre entre San Marcos, na Guatemala, e Chiapas, o estado fronteiriço no México.

## Traição

Quando Marllory se reuniu com Yaneth e Sebastiana naquele junho de 2013, muitos dos homens com quem elas tinham trabalhado estavam presos.[24] A máfia dos Lorenzanas tinha sido desmantelada, e os irmãos, condenados à prisão perpétua. Um outro contato local essencial para Sebastiana, Juan Alberto Ortiz López, vulgo Juan Chamale, tinha sido preso em 2011. E um ex-comparsa de Yaneth e peça crucial no tráfico, Jesús López Londoño, Mi Sangre, contra quem mais tarde ela testemunharia, também estava sob custódia.

Então as mulheres costuraram seu próprio acordo, cujos detalhes consegui juntar por meio de documentos judiciais. Enquanto comparava esses documentos, enfim caiu a ficha de quem deve ter alertado o DEA para os planos delas. De acordo com a delação premiada de Sebastiana, uma pessoa identificada como "Fonte Confidencial" (FC) se encontrou com Yaneth, Sebastiana e Fernando Paleaz, o coordenador da rota aérea, em junho de 2013, para "negociar o recebimento e o transporte de quatrocentos e cinquenta quilos de cocaína vindos de La Guajira, Colômbia, para Rio Dulce, Guatemala".[25] Centenas de mensagens de Blackberry, vídeos e áudios foram enviados para a FC registrando a movimentação da carga. Yaneth enviou fotos do carregamento para o informante em outubro, falando que ele estava pronto para ser transportado e que Paleaz deveria enviar o avião para buscar a carga. A fonte, por sua vez, mostrou essas mensagens de Blackberry para os agentes do DEA.

— As imagens mostravam claramente lotes de pacotes, tijolos de cocaína e um tijolo com a marca "RANA".[26]

*Rana* significa rã ou sapo em espanhol, e é provável que fosse o código escolhido pelo grupo para identificar o carregamento.

Mais tarde, na noite de 10 de janeiro de 2014, a cocaína deixou o departamento litorâneo de La Guajira num avião bimotor Piper Seneca em direção à Guatemala. La Guajira fica localizada na região nordeste da Colômbia, próximo à fronteira com a Venezuela e de frente para o mar do Caribe. É um popular ponto de partida para a cocaína com destino às ilhas caribenhas ou para a costa leste da América Central.

Mais uma vez, de acordo com a delação premiada de Sebastiana, Yaneth enviou uma mensagem para a FC para dizer que a carga estava a caminho. Na manhã de 11 de janeiro, o carregamento chegou à Guatemala, onde foi apreendido pelo DEA.[27]

A identidade da FC permanece confidencial nos documentos do processo de Sebastiana, mas a delação premiada de Yaneth afirma com bastante clareza que foi Marllory quem recebeu toda a comunicação enviada por Yaneth sobre o carregamento de cocaína.[28] Essa descrição, aliada ao fato de que Marllory não é mencionada pelo nome na delação premiada de Sebastiana, sugere que ela, diante das sanções e das acusações de tráfico de drogas nos Estados Unidos, decidiu trair suas colegas em troca de uma sentença mais branda e estava passando informações sobre o acordo para o DEA ao mesmo tempo que o cumpria.

Provavelmente foi um erro as delações premiadas de Yaneth e Sebastiana conterem informações diferentes, mas o que aconteceu depois da apreensão da carga também indica que Marllory era a informante: ela se entregou para as autoridades em Miami em setembro de 2014, pouco antes de suas comparsas serem presas.[29]

Sebastiana foi detida no mês seguinte no México[30] e em novembro Yaneth foi presa na Colômbia.[31]

Agora também atrás das grades, Marllory estava protegida de qualquer tentativa de vingança por parte das ex-colegas que ela tinha traído. Entender o que Marllory fez me ajudou a compreender por que Yaneth, em suas cartas, dizia manter contato apenas com Sebastiana. Depois de uma vasta carreira no crime, Marllory vislumbrava a possibilidade de ser condenada à prisão perpétua pelas acusações contra ela em Miami. Era bastante lógico que ela topasse fazer um acordo. "A Rainha do Sul", como era chamada, tinha que pensar em seus cinco filhos. Sua filha mais velha, Stefanel Castellanos Chacón, também foi acusada pelo governo americano de lavagem de dinheiro e de supervisionar por volta de 24 empresas, que iam desde hotéis e construtoras até lojas de roupa. Antes de se entregar às autoridades americanas, Marllory, uma espécie de ícone da moda, visitou a filha em Paris, algo como um último momento de glória, uma espécie de despedida. A revista de celebridades guatemalteca *Contrapoder* publicou fotos de Marllory e Stefanel ostentando sua riqueza, ao que tudo indica na capital francesa, cerca de dois meses antes de Marllory se entregar às autoridades em Miami. E menos de quatro anos depois, no começo de 2019, Marllory era novamente uma mulher livre.

Tentei inúmeras vezes entrevistar Marllory para este livro. Ela estava pleiteando um visto que daria a ela o direito de morar e trabalhar nos Estados Unidos, e me disseram que não queria pôr em risco o processo conversando comigo.

Sebastiana foi solta cerca de seis meses depois de Marllory, em outubro de 2019, e, de acordo com fontes na Guatemala, voltou para seu velho refúgio na fronteira guatemalteca com o México. Se ela voltou a traficar, eu não sei dizer, mas a fonte que entrevistei na Cidade da Guatemala, e que a conhecia pessoalmente, disse:

— Se ela não voltar a fazer aquilo, o que mais vai fazer? Ela não sabe fazer mais nada.[32]

Já Yaneth, enquanto eu terminava este livro, aguardava a deportação para a Colômbia após ser posta em liberdade em setembro de 2022.

Estou esperando para saber o que mais ela está disposta a me contar.

CAPÍTULO 4

# AS MULHERES DA MARA SALVATRUCHA

A Guatemala, onde Sebastiana, Yaneth e Marllory se conheceram, fica no coração da América Central, que, por sua vez, é uma base não apenas para cartéis de drogas, mas também para as notórias gangues de rua Mara Salvatrucha (também conhecidas como MS-13 e Barrio 18), que se espalharam pela região. Mas a história das mulheres na Mara é diferente da história das nossas protagonistas nos cartéis. Em sua maior parte, as gangues de rua na América Central permanecem profundamente misóginas, com um tipo especial de violência reservada para as mulheres que ousam traí-las.

## Isabel

Os gemidos e a respiração ofegante de pessoas transando tão perto dela chocaram Isabel. Os suspiros e gritos a distraíam enquanto tentava transar com seu namorado.

— Costumávamos transar em *champas* — contou Isabel quando nos encontramos num restaurante *fast-food* de frango, a uma hora do centro de San Salvador, El Salvador. *Champas* são tendas improvisadas que consistem em colchões cobertos por lençóis, feitas para esconder as duas pessoas que se deitam lá dentro, e também o que estão fazendo. Essas medidas são necessárias durante as visitas conjugais no pátio da prisão masculina de segurança máxima de Izalco, quando centenas de mulheres visitam seus parceiros membros de gangues. As visitas conjugais equivaliam inevitavelmente a tentar transar com discrição, por isso as *champas*, que faziam o pátio da prisão parecer um pequeno campo de refugiados improvisado.

Isabel conheceu seu namorado – vamos chamá-lo de Shorty – no Facebook quando tinha só 19 anos.

— Eu gostava de como ele me tratava no dia a dia — disse ela. — Ele era muito atento aos detalhes e é o único homem que já me deu rosas.[1]

Olhando para Isabel, eu custo a acreditar nisso. Ela me encontrou com um vestido marrom agarrado e bem curto, que mal cobria a parte de cima de suas coxas. Seus longos cabelos pretos cobriam suas costas, e seu rosto parecia saído de uma pintura de Botticelli. A decisão de começar uma relação com um cara que já estava preso por assassinato era surreal para mim. Shorty era membro da gangue Barrio 18, o que iria lhe garantir mais tempo dentro da prisão do que fora para o resto de sua curta e violenta vida – um fato que Isabel compreendia. Shorty se juntou à gangue quando tinha 9 anos, ela me contou, e aos 11 já era procurado por assassinato.

Após conseguir a permissão de sua mãe, Isabel foi até a prisão de Izalco, a setenta quilômetros de San Salvador, para conhecer Shorty pessoalmente depois de conversarem por Facebook durante meses. Ele tinha voltado a estudar lá dentro e a convidou para sua formatura do ensino médio.

— Era minha primeira vez numa prisão — lembra.

Nos anos seguintes, ela passaria a visitar Shorty uma vez por semana, passando em todas elas por uma "inspeção completa" como parte do processo de entrada na penitenciária. Isso significava tirar a roupa em um pequeno cubículo e, em seguida, subir em uma cadeira e agachar para que uma policial feminina inserisse os dedos dentro de Isabel para ter certeza de que ela não tinha escondido drogas ou contrabando na vagina ou no ânus. Ao que parece, esse é um método comum para ocultar produtos proibidos e entrar com eles nas prisões de El Salvador.

— Você se acostuma, vira rotina — conta Isabel. — No começo era humilhante, mas depois você esquece. Você se acostuma com tudo.

*As coisas que fazemos por amor*, pensei. Não consegui pensar em nenhum outro motivo para ela continuar visitando os antros que são as prisões latino-americanas.

Nas últimas décadas, as gangues da Mara Salvatrucha se espalharam pelo Triângulo Norte da América Central, formado por El Salvador, Honduras e Guatemala, com cerca de 70 mil membros da MS-13 só nesses países. Nascida nas ruas de Los Angeles, Califórnia, no final da década de 1970, a gangue surgiu como uma organização social que dava uma sensação de pertencimento para jovens imigrantes marginalizados - em sua maioria refugiados salvadorenhos fugindo da guerra civil em seu país natal. "A MS-13 é um fenômeno complexo. O objetivo da gangue não é gerar renda, mas sim criar uma identidade coletiva construída e reforçada por compartilhar experiências no mundo do crime, sobretudo atos de violência e expressões de controle social", escrevem Steven Dudley, Héctor Silva Ávalos e Juan José Martínez, que estudaram amplamente as gangues.[2]

A violência está no centro da cultura da gangue e de seu *modus operandi*, por isso há muito tempo ela está sob a mira da polícia, tanto nos Estados Unidos como na América Central. Em meados da década de 1990 até por volta da década de 2000, milhares de membros de gangues estrangeiros condenados nos Estados Unidos foram deportados para seus países na América Central, onde criaram novas células. Eles chegaram em El Salvador após uma brutal guerra civil. Dos quase 130 mil criminosos condenados que foram deportados para a América Central entre 2001 e 2010, mais de

90% foram enviados para El Salvador, Guatemala ou Honduras, de acordo com dados do Departamento de Segurança Interna (DHS, na sigla em inglês, de Department of Homeland Security) citados por Dudley, Silva Ávalos e Martínez.[3] Hoje, as prisões apinhadas e com poucos recursos de El Salvador estão lotadas de membros de gangues e basicamente servem como centro de operações da MS-13 e Barrio 18.

Em 2016, após um aumento nos homicídios em El Salvador, o governo impôs "medidas extraordinárias" nas prisões, com a intenção de intimidar as gangues. Naquela época, o país era dono de uma das maiores taxas de homicídio do mundo, com 81 assassinatos por 100 mil habitantes. A segunda colocada, a Venezuela, outro país extremamente violento e à beira de uma crise social, econômica e humanitária, não chegou nem perto, com 59 homicídios por 100 mil habitantes.[4]

As gangues, responsáveis pela maioria das mortes, funcionavam como uma espécie de governo paralelo, com seus líderes reunidos nos presídios.[5] De lá, eles continuavam controlando as milhares de células de gangues que operavam nas ruas do país e também gerenciando esquemas de extorsão e a venda de drogas nas ruas. Usando telefones celulares, aterrorizavam e extorquiam quem estava do lado de fora. Em uma tentativa de limitar essa prática, o governo confinou muitos membros de gangues em suas celas e cortou o sinal de celular nas áreas ao redor da prisão. O governo também acabou com as visitas conjugais entre membros de gangues e suas parceiras: as *champas* desapareceram. Os encontros amorosos de Isabel e Shorty no presídio de Izalco chegaram a um fim repentino.

Essas medidas deveriam ser temporárias, mas continuam em prática até hoje. Recentemente, elas foram renovadas pelo governo cada vez mais autoritário do assim chamado presidente *hipster*, Nayib Bukele, um prodígio das redes sociais que é visto com frequência usando uma jaqueta de couro e um boné de beisebol para trás.

Em 2022, o governo Bukele renovou as medidas repressivas contra as gangues, prendendo outros milhares de seus membros, o que só piorou a superlotação no sistema prisional do país.

Mesmo antes desse cerco às gangues, Shorty nunca passou mais de dois meses em liberdade, de acordo com Isabel. Ele cumpria uma pena e logo reincidia no crime. Raramente passavam mais do que alguns meses juntos antes que ele voltasse para trás das grades.

Shorty não era o único com problemas com a justiça. Isabel disse que era assediada com frequência pela polícia porque eles sabiam que ela era namorada de Shorty.

— Eu não conseguia dormir na minha casa. Tinha a sensação de que a polícia iria me buscar a qualquer momento.

Uma vez, ela conta que ela e seu irmão foram detidos por um policial e conduzidos à delegacia. Ele levou Isabel para os fundos e colocou uma arma em sua cabeça, lembra.

— Eu comecei a chorar muito — disse ela. — Ele disse que iria atirar em mim e depois no meu irmão. Então ele disse para eu me ajoelhar.

— Não — ela lhe disse. — Não vou fazer isso.

— Era seu orgulho falando? — perguntei a ela.

— Não — respondeu —, estava apavorada que, se eu obedecesse, ele atiraria na minha cabeça.

Meu colega salvadorenho Bryan Avelar, que estava comigo na entrevista, perguntou:

— Qual é o lado bom disso tudo? O que você ganha com isso?

— Eu sou respeitada porque sou mulher dele — respondeu Isabel —, porque ele é admirado e respeitado no bairro.

Mas mesmo essa vantagem era bastante limitada.

— Eu sei que, se ele morrer, tudo isso vai acabar.

A segurança que derivava do fato de ela ser a mulher de Shorty parecia bastante precária, especialmente por causa da curta expectativa de vida dos membros de gangue. Quando perguntamos se ela estava envolvida com os negócios da gangue, como extorsão ou tráfico de drogas, Isabel foi vaga, mas observadores e minhas próprias investigações mostram que namoradas, mães e irmãs com laços sanguíneos ou relações com membros de gangues costumam se envolver nas suas atividades criminosas.

São as mulheres que na maioria das vezes levam celulares até os comércios ou propriedades das vítimas para obrigá-las a ouvir os membros das gangues, que ligam de dentro das prisões para aterrorizá-las e ameaçá-las. Talvez porque chamem menos atenção e pareçam menos suspeitas do que os jovens com quem trabalham. Elas também costumam coletar os lucros com os esquemas de extorsão comandados pelas gangues ou emprestam suas contas bancárias para as vítimas depositarem o dinheiro lá. Depois ainda contrabandeiam esse dinheiro para seus homens dentro das prisões. "Nos últimos anos, as mulheres ganharam a fama de serem colaboradoras das gangues – úteis para executar certos serviços criminais para o grupo (transportar armas, coletar extorsões etc.) e também para tarefas domésticas", conta Sonja Wolf, professora-assistente no programa de políticas antidrogas do Centro de Investigación y Docencia Económicas (CIDE) no México[6]. Alguns anos atrás, quando eu estava trabalhando como repórter na Guatemala, descobri que as mulheres lá eram muito ativas na execução dos esquemas de extorsões,[7] uma tendência apoiada por um estudo da Interpeace sobre o papel das mulheres nas gangues da América Central.[8]

Mas nem sempre as mulheres atuavam apenas como os soldados rasos das gangues.

## Brenda

A história das gangues de rua nos Estados Unidos é marcada por picos de violência atroz. Dos assassinatos ligados às gangues no final da década de 1990 e começo da década de 2000, um deles é mais relevante para nós: a morte de Brenda Paz em 2003. Originalmente de Honduras, Brenda tinha só 13 anos quando foi "aliciada" ou iniciada na MS-13 em Dallas. Segundo observadores, suas ações e posterior assassinato mudariam para sempre a história das mulheres nas gangues.

Brenda, que era conhecida na gangue como Smiley, "era diferente das outras garotas", escreveu o repórter Jamie Stockwell, que cobriu o julgamento do assassinato dela para o *Washington Post*. "Ela chegou o mais próximo de ser uma líder que uma mulher podia."[9] Mas esse poder e *status* não foram suficientes para protegê-la.

Seu crime, de acordo com a gangue, era imperdoável. Brenda estava cooperando com os policiais que investigavam a gangue. Pesquisas e informações sobre sua vida sugerem que Brenda não era lá muito discreta a respeito de sua cooperação. Ela foi colocada no Programa de Proteção à Testemunha dos Estados Unidos, mas acabou saindo porque se sentia sozinha e isolada. Num dado momento, ela chegou a colaborar com a polícia de pelo menos seis estados diferentes sobre crimes que tinha testemunhado, como espancamento, assassinato e roubo. Ela também tinha se comprometido a testemunhar em casos de assassinatos de membros da gangue, o que pode ter colocado o último prego em seu caixão.[10]

Apesar disso tudo, ela buscou refúgio com seus antigos comparsas, pessoas que achava que ainda eram seus amigos. Em 13 de julho de 2003, parceiros de gangue a atraíram para um parque nacional na Virgínia, onde a atacaram violentamente. Um dos agressores passou uma corda em volta do seu pescoço para que ela ficasse parada enquanto os outros a atacavam com dezesseis facadas por todo o corpo.[11] Ela estava grávida de quatro meses.

— Tem um bebê nessa história. Quer dizer, você tem que ser muito doente para amarrar o pescoço de alguém com uma corda, ouvir a pessoa gritar e se debater, torturá-la e esfaqueá-la várias e várias vezes no estômago, nas pernas e simplesmente vê-la morrer – um amigo dela disse à *CBS News*.[12]

Samuel Logan, autor de um livro sobre o assassinato de Brenda, falou sobre ela em uma entrevista para o *Immigration Daily*:

> Brenda foi a primeira adolescente a entrar no Programa de Proteção à Testemunha americano sem a supervisão de um adulto. O programa, que foi criado para informantes da máfia de meia-idade, não adolescentes grávidas, deixou de oferecer a Brenda o amor e a atenção de que ela tanto precisava. Ela passava muito tempo sozinha, e por fim, quando a solidão se tornou insuportável, a única pessoa para quem ela pensou em ligar foi seu namorado, um membro da MS-13. No fim das contas ele a traiu, o que acabou levando à morte dela.[13]

A colaboração de Brenda com a justiça pôs no lugar uma ideia que dominou os membros da MS-13 e perdura até hoje: as mulheres são mais propensas a se tornarem informantes do que os homens. Dois anos mais tarde, seu assassinato contribuiu para uma decisão tomada pela liderança da gangue durante uma reunião em El Salvador em 2005. No encontro, que tinha como objetivo discutir o futuro da MS-13, o papel das mulheres na gangue entrou na pauta. Os líderes ordenaram que mulheres não fossem mais iniciadas na gangue. Eles não aceitariam novas mulheres e as que já faziam parte seriam rebaixadas.

À medida que as células da MS-13 cresciam em El Salvador, um movimento nacionalista tomou conta da gangue, e seus membros pararam de nomear novas facções com os nomes de ruas americanas, como faziam antes, e passaram a adotar mais nomenclaturas locais. O banimento de mulheres da gangue, de acordo com especialistas, era um sinal claro de que os líderes cada vez mais adotavam a cultura misógina de suas novas bases.[14]

"Mulheres ocupavam cargos de prestígio nas gangues nos Estados Unidos, e aquilo foi extinto", diz Juan José Martínez, um antropólogo que estudou as gangues de El Salvador por muitos anos.[15] Ele e os pesquisadores Steven Dudley e Héctor Silva Ávalos escrevem: "Sendo bem claro, mulheres não são consideradas seres humanos [pela gangue]. Eles têm o hábito de chamá-las de *bichas* ou *hainas*, que podem ser mais ou menos traduzidos como 'animais'".[16] Outra razão para excluí-las é que mulheres tendem a ser motivo de disputas românticas e sexuais e de rivalidade dentro das gangues.[17]

Detalhes contidos em relatórios de documentos judiciais de casos contra membros da MS-13 descrevem um uso da violência contra mulheres - namoradas, esposas e colaboradoras desonradas - que só pode ser classificada como medieval.[18] Em 2007, veículos da mídia salvadorenha noticiaram um assassinato tão violento e perturbador quanto o de Brenda. Os promotores descreveram como um membro da MS-13 conhecido como "El Crimen" (ou "O Crime", em português) pediu permissão para matar uma mulher que tinha terminado com o namorado, um membro da gangue, quando ele estava preso. El Crimen argumentou que aquilo era um insulto a toda a gangue. Ele foi autorizado a matá-la.[19]

A mulher em questão não sabia o que a aguardava até que El Crimen a levou para uma casa e apontou uma arma para ela. Ele disse:

— Hoje você vai dar amor e carinho para todos nós, sua filha da puta.

Ela foi estuprada por pelo menos dez membros da gangue e penetrada na vagina, no ânus e na boca, de acordo com o relatório. Ainda não convencido de que ela tinha sofrido o suficiente, El Crimen finalmente pegou uma machadinha e cortou sua garganta, decapitando-a.[20]

A violência, a exclusão e o tratamento a que as mulheres são submetidas pelas gangues da América Central vão muito além da desconfiança de que elas possam se tornar informantes. É cultural. A violência contra as mulheres é comum e amplamente aceita. Os países do Triângulo Norte da América Central, isto é, El Salvador, Guatemala e Honduras, possuem algumas das piores taxas de feminicídio do mundo. El Salvador e Honduras estão entre os cinco países com mais crimes de ódio fatais contra mulheres, e a Guatemala não fica muito atrás.[21] O feminicídio e a violência doméstica estão entre as maiores causas de imigração de mulheres e crianças dos países do Triângulo Norte, e os membros das gangues são seus principais autores. E mesmo assim elas permanecem extremamente desprotegidas. Uma pesquisa nacional feita em 2017 constatou que 67% das mulheres salvadorenhas já sofreram algum tipo de violência, seja violência doméstica, seja assédio sexual fora de casa. Mas apenas 6% das vítimas denunciaram esses abusos ou assédios para o governo, e outras contaram terem sido ameaçadas para não denunciarem, ou disseram duvidar de que a polícia acreditaria em suas acusações, ou então não sabiam a quem pedir ajuda.[22]

## Adriana

Desde o assassinato de Brenda Paz, é raro que mulheres sejam iniciadas nas gangues de rua da América Central, e quase nunca são vistas em cargos de liderança. No entanto, elas estão sempre presentes nas famílias dos membros das gangues, quase sempre morando com eles. A maior parte das mulheres e garotas afiliadas às gangues trabalham como colaboradoras subalternas nos negócios escusos do membro homem da família. Mas rebaixar a influência dessas mulheres só porque elas não possuem nenhum cargo oficial na hierarquia das gangues equivale a ver a situação através do olhar masculino em vez de observar a situação por uma lente mais complexa e realista.

Essas mulheres, assim como dezenas de milhares de soldados homens, prestam assistência à gangue. Membros ou não, elas participam ativamente de muitas das atividades criminosas da gangue. Devemos considerar envolvidas apenas as mulheres que possuem algum cargo de liderança ou que são membros oficiais, e deixar de lado as esposas, namoradas e mães? Não sei a resposta para essa pergunta, mas me parece que olhar para a gangue somente através do prisma dos membros iniciados, homens em sua esmagadora maioria, e não como um todo dentro das redes nas quais estão inseridos, é deixar de compreender a real importância das mulheres nessas gangues. Não analisar a situação de maneira mais ampla significa marginalizar as mulheres e desconsiderar seus relacionamentos, seus laços com os membros do sexo masculino e como estes influenciam a gangue e sua existência. Ficamos cegos para as maneiras como as mulheres influenciam as decisões e dinâmicas dentro das gangues, ainda que isso ocorra de baixo para cima, se é que não de cima para baixo. Como me disse o investigador Juan José Martínez, se o *ranfla* (principal líder da gangue) é o motor que mantém o carro funcionando, pelo menos metade do resto do carro – a carroceria, o sistema de exaustão, os pneus – é composto de mulheres.

Mesmo que oficialmente as gangues sejam instruídas a não admitir mulheres na organização, algumas *homegirls* (termo usado para mulheres que sofreram sanções) continuam em El Salvador. Membros de gangues e especialistas que entrevistei durante minha pesquisa para escrever este livro me disseram que, apesar de raro, mulheres ainda são iniciadas nas gangues, o que fica a critério de cada grupo. Adriana, com quem me encontrei em San Salvador, era um desses poucos casos. Embora tivesse só 27 anos, seus olhos estavam cansados, e seu penteado afro castanho-claro revelava um rosto com uma pele castigada por anos de uso confesso de drogas. Depois que sua mãe morreu de câncer quando ela tinha 12 anos,

Adriana abraçou a outra única família que ela viria a conhecer: a Barrio 18.

— Fui morar na rua. Meus irmãos eram mais velhos. Sempre estive envolvida nesse mundo [das gangues] por causa de onde morava. Meus irmãos sempre fumavam maconha e bebiam, e eu via tudo isso, e, quando cheguei a uma certa idade, quis fazer a mesma coisa, para ficar perto deles. Eu era a única menina, e sempre gostei de ficar com os meninos — disse Adriana murmurando, e eu precisei ficar pedindo que ela repetisse para ter certeza de que eu tinha entendido bem o que ela havia dito.

— Os parças me conheciam desde que eu era bem pequena, por isso me respeitavam. Eles começaram a ver que eu não era como as *hainas* [namoradas] que ficavam com eles. Essas mulheres davam amor a eles. Eu não era assim. Vendia maconha, fazia alguns trabalhos, e pouco a pouco comecei a me envolver mais com a gangue.[23]

Adriana acabou entrando para a gangue, apesar da proibição em vigor em todo o território nacional.

— Quatro caras me iniciaram — conta. — Eles não me estupraram como faziam com a maioria das garotas entre 2001 e 2008. Quando eu entrei, em 2011, era muito raro, muito mesmo, eles admitirem mulheres na gangue.

Ela disse que escolheu o espancamento em vez do estupro, e que aqueles foram os minutos mais longos de sua vida.

— Eu estava sempre pronta. Sempre a postos, vendendo maconha, cocaína, crack. A gente roubava carros. Eu aprendi a roubar carros e assaltar pessoas. Eu sempre gostei muito da adrenalina. Eu gostava de ficar na rua, no jogo. Eu amava.

Ela me contou que era conhecida como "La Tranki", "A Calma". Seu comportamento era bem útil para as "missões" que ela passou a executar, código que a gangue usava para assassinatos, geralmente de membros pertencentes a gangues rivais.

— É tanta adrenalina — disse ela. — Eu costumava fazer quando estava drogada, porque era quando eu tinha mais coragem. De um jeito ou de outro você tem que achar a coragem. Você se sente mal da primeira vez, sim, mas depois da segunda, terceira ou quarta vez parece uma coisa de rotina. Você diz a si mesma que, se já fez isso uma vez, pode fazer de novo.

Adriana estava *calmada* (inativa) quando eu a conheci em novembro de 2021. Ela e o outro membro da gangue que me apresentou a ela disseram que perderam a conta de quantas pessoas tinham matado. Mas eu senti, ao falar com ela, que Adriana se orgulhava de ter sido aceita no mundo masculino da Barrio 18. Só que tive a sensação de que, embora ela já tivesse ascendido a um nível significativo na gangue, seu poder e sua aprovação ainda dependiam essencialmente dos homens ao seu redor, que na prática ela se movia num organismo masculino.

Seu orgulho por sua posição na gangue me fez pensar em como ela via sua vida comparado a como essa vida era vista de fora. Para mim, compreender suas circunstâncias fez o ilógico parecer lógico. Depois que sua mãe morreu, os irmãos de Adriana a abandonaram e a deixaram sozinha nas ruas. Foi quando ela começou a trabalhar para a gangue. Barrio 18 era sinônimo de sobrevivência para ela, a opção que ela via como a mais segura num leque de opções bem limitado. Será que eu teria feito a mesma coisa em seu lugar?

Cresci num ambiente com pais à disposição para me amar, irmãos à disposição para me admirar e professores à disposição para me ensinar. Mas o que eu conseguia entender – como mulher e imigrante de primeira geração, cujos pais se mudavam para uma nova cidade a cada cinco anos, como alguém que nunca quis chamar muita atenção ou se destacar – era a necessidade de pertencimento. Eu entendia por que Adriana se sentia completamente sozinha e buscava alguma sensação de pertencimento onde quer que pudesse encontrá-la. Órfã e abandonada, ela precisava de um grupo, de uma família na qual pudesse criar raízes. Acho que é por isso que as gangues atraem tanto homens e mulheres nas Américas, pessoas que se decepcionaram ou foram traídas por suas próprias famílias ou comunidades. Isso, e a sensação de poder e adrenalina que a vida de gangue proporciona ao grupo mais caluniado e sem voz da região: homens e mulheres pobres, excluídos e, em sua grande maioria, de pele escura.

O orgulho de Adriana a colocava acima das mulheres que "davam amor" dentro das gangues, as *hainas*, que dormiam ou saíam com seus membros.

— Porque a maioria das mulheres são *hainas*, e *hainas* são dedos-duros — afirmou Adriana.

---

Juan, outro membro de gangue que eu entrevistei em novembro de 2021, me deu mais informações sobre como as coisas costumavam funcionar para as mulheres quando elas eram mais comumente *homegirls*. Conversamos num jardim que ficava na parte de trás de uma casa em um subúrbio de El Salvador num dia de semana à tarde. Eu conseguia ver os traços azuis das tatuagens por baixo da maquiagem que cobria seu rosto na tentativa de escondê-las. Membros de gangue como ele, que já foram presos, enchem o rosto tatuado de base antes de sair de casa para evitar serem identificados pela polícia. Juan não sabia mais quantas pessoas tinha matado, mas tinha passado mais de duas décadas na prisão por causa de alguns desses assassinatos. Ele concordou em se encontrar comigo e meus colegas no nosso carro em um cruzamento movimentado afastado de sua casa antes de irmos até o local da entrevista.

No momento do nosso encontro, ele era um membro ativo da Barrio 18 havia vinte anos, a maior parte deles passados na prisão, mas agora estava *calmado*, assim como Adriana. Ele foi iniciado na organização no final da década de 1990 por intermédio de uma *homegirl* conhecida como Lovely.

— Eu gostava dela de verdade. Era uma grande mulher. Era linda — lembra Juan. — Ela me ensinou, me disse o que eu tinha que fazer. Ela me disse "isso se faz assim, você precisa aguentar firme. Você precisa ser firme. Não volte atrás no que você disse, no que você falou. Você não pode ter medo. É o pior inimigo que você pode ter".

Depois de um ano sendo ensinado por Lovely, ele entrou para a gangue.

— Quando eu entrei, ela começou a se afastar de mim.

Seu papel era treiná-lo e avaliá-lo, e seu trabalho estava feito.[24]

## Esmeralda

Esmeralda Aravel Flores Acosta estacionou no meio-fio em frente ao cartório da pequena cidade de Santa Ana, a uma hora de San Salvador, examinando a calçada com o olhar. Quando viu um homem parado na frente do prédio do governo que emitia certidões de casamento, ela apontou.

— Aquele é o seu marido — disse sem entusiasmo para uma mulher apreensiva no banco de trás.

Ela ordenou que a passageira, Monica, saísse do carro. Monica, que trabalhava para Esmeralda cuidando de seus filhos, obedeceu à chefe. Esmeralda observou Monica abordar o homem e pegar em sua mão. Eles não trocaram uma palavra.

Foi a única vez depois de adulta que Monica pegou na mão de um homem que ela nunca tinha visto antes. Esmeralda tinha feito um acordo com ele, Melvin Ostmaro Reyes Rosa, um homem rechonchudo de 31 anos que trabalhava fazendo bicos. Ele acreditava estar se casando com Monica para conseguir a papelada necessária para poder viver e trabalhar nos Estados Unidos – um sonho para muitos salvadorenhos de classes mais baixas. Só havia uma condição: que ele fizesse um seguro de vida.

Naquele dia em setembro de 2016, Reyes Rosa não sabia que, além de Monica não possuir um passaporte americano, quando se casasse com ela, ele estaria assinando sua sentença de morte. Esmeralda tinha mentido para ele sobre praticamente tudo. Monica (cujo nome verdadeiro foi mantido em segredo de justiça para proteger sua identidade) não era cidadã americana, ao contrário do que tinha afirmado Esmeralda. O seguro de vida não era uma exigência para pleitear o visto que ela prometeu ajudar Reyes Rosa a tirar. Nem haveria pedido de visto.

Pouco mais de um mês depois da cerimônia dos dois no civil, Reyes Rosa foi morto a tiros por membros da MS-13 num ponto de ônibus não muito longe de onde tinham se casado. Os assassinos levaram a carteira e o celular de Reyes Rosa na tentativa de simular um assalto aleatório, mas tudo ali tinha sido planejado. Sua união profana com Monica e seu subsequente assassinato eram resultado de um elaborado esquema de tráfico humano liderado por Esmeralda com duas de suas irmãs e duas amigas. Essas mulheres eram apoiadas pela violência e terror dos membros da MS-13. Seu objetivo? Forçar mulheres a se casar com homens que a gangue depois assassinaria para receber o dinheiro do seguro.[25]

A Viúva Negra, apelido que Esmeralda ganhou da imprensa local, levou o papel da mulher de gangue para outro patamar. "Não só Esmeralda estabeleceu uma organização criminosa, mas também uma relação profissional com uma das mais misóginas e poderosas organizações criminosas da região [MS-13]. Nunca vi uma mulher parecida aqui em El Salvador", disse o especialista em gangues Martínez.[26]

Pouco se sabe sobre Esmeralda além do seu papel no esquema de tráfico humano, só que ela é uma ex-cabeleireira divorciada com pelo menos dois filhos. Ela tinha 37 anos quando fundou as Viúvas Negras, e fotos tiradas das gravações de vídeo do seu julgamento mostram uma mulher marcante, com cabelos muito pretos e olhos escuros.

O que sei sobre seu lado criminoso eu descobri depois de me debruçar sobre uma pilha de documentos com meu colega jornalista Bryan Avelar num escritório do governo em San Salvador. Os funcionários nos deram permissão para ler e fotografar mais de trinta grossas pastas com informações sobre Esmeralda, e ao fazer isso me senti parte do elenco do filme *Spotlight – Segredos Revelados*. A coisa ali era à moda antiga. Nos Estados Unidos, os documentos judiciais que acessei por meio do sistema de justiça americano estavam sempre on-line e eram digitais, e eu pude lê-los no conforto da minha casa.

Mas o trabalho minucioso que tivemos valeu a pena. Encontramos ouro enterrado no meio daquela pilha de papéis. Ali havia fotos de cadernos confiscados na casa de Esmeralda, com detalhes sobre os gastos do grupo listados por itens, custo e para quem as compras tinham sido feitas. Ela era meticulosa e comandava sua casa com rédeas curtas. Uma casa cheia de mulheres em quem ela com frequência batia com um taco de madeira.

Nunca consegui conversar com Esmeralda. Meus pedidos para visitá-la e entrevistá-la na prisão foram negados pelo governo Bukele em El Salvador, sob o pretexto das restrições impostas pela pandemia de covid-19, ainda que, àquela altura, em 2022, a situação já estivesse melhor. Mas Sonja Wolf, que trabalha no CIDE e acompanha de perto as gangues, alertou para que evitássemos assumir que Esmeralda era uma líder poderosa que agia com independência, dado o histórico das mulheres nas facções da Mara. "Mesmo que algumas mulheres tenham aparentemente assumido o papel de bandidas, elas podem ser na verdade vítimas, e essa experiência pode ser importante para explicar como elas passam a vitimizar os outros", contou Wolf.

"Se [Esmeralda] Flores estivesse em um relacionamento com um líder de facção, até que ponto ela poderia ser vista como mais uma vítima no esquema das Viúvas Negras, em vez de uma liderança?"[27]

Tudo o que eu posso fazer é especular sobre o quanto de agência Esmeralda tinha de fato sobre a própria vida, mas seu estilo de liderança é uma exceção e não representa o papel das mulheres na gangues de hoje. Por mais que Esmeralda se sentisse confortável com a violência, ela ficou tensa após a morte de Reyes Rosa. Sua experiência lhe dizia que Monica precisava dos documentos certos, bem como ser uma viúva convincente para solicitar o seguro de vida no banco. Ela mandou Monica ir até a delegacia dizer que seu marido era um galinha, mas que estava preocupada porque já tinha dias que ele não voltava para casa.

Quando investigadores da polícia encontraram o corpo de Reyes Rosa, seu rosto estava completamente deformado por causa do ataque. De acordo com o relatório da autópsia, ele tinha sido baleado no rosto, na nuca, no abdômen, no ombro esquerdo, na coxa e no joelho. Quando Esmeralda mandou Monica até o necrotério para identificar o corpo, ela teve dificuldades em reconhecê-lo, mas contou aos investigadores que se lembrava das roupas que ele estava usando quando foi morto.[28]

Enquanto Esmeralda organizava o funeral, ela avisou que Monica precisaria encarnar o papel da viúva de luto. O ideal seria que ela chorasse e, se possível, desmaiasse. Monica obedeceu, de acordo com seu testemunho.[29]

Passado algum tempo, Monica por fim recebeu um telefonema do banco dizendo que o cheque do seguro de vida estava pronto. Esmeralda ouviu aquilo e deu pulos de alegria, bateu palmas e disse que Monica tinha feito um "ótimo trabalho".[30] Mas aquele não era o trabalho que ela tinha concordado em fazer para Esmeralda originalmente.

Monica conheceu a Viúva Negra quando Esmeralda ofereceu a ela um trabalho como empregada que dorme no emprego por intermédio de uma amiga em comum em julho de 2016. Monica estava sem trabalho na época, contou aos promotores, então decidiu experimentar o trabalho por 250 dólares mensais, abaixo do salário mínimo.[31] Ela se mudou para a casa de Esmeralda, onde também moravam os filhos pequenos dela e a tal amiga em comum, Magdalena Patricia Lucha López. Mas um dia Monica viu Magdalena de relance no banho e notou que suas costas estavam cobertas de hematomas – provas, disse aos promotores, das surras que achava que Magdalena levava de Esmeralda. Assustada, Monica decidiu inventar uma história para poder ir embora. Disse a Esmeralda que um familiar tinha ficado doente e que precisava voltar para casa para cuidar dele. "Ok", a chefe respondeu.[32]

No dia seguinte, antes de ir para casa, Esmeralda pediu que Monica a ajudasse a levar uma travessa de comida até uma casa no quarteirão ao lado. Quando passaram pelas janelas da frente da casa, Monica viu um homem alto e forte lá dentro, com tatuagens que cobriam cada centímetro do seu corpo, incluindo o rosto. A única parte descoberta eram suas mãos. Monica sabia que aquelas tatuagens representavam a lealdade e a associação daquele homem com a MS-13. Ele se chamava Wilbur Javier Caceres Benitez, ou "El Guay" (Branquelo). Esmeralda estava envolvida sexualmente com ele e o tinha incumbido de colocar em prática suas estratégias de terror.

Assim que entraram, o homem se lançou sobre Monica e pôs uma arma em sua cabeça. Ela derrubou a travessa de comida, que se espatifou no chão de azulejos.

— Você vai fazer exatamente o que a Esmeralda mandar e, se não fizer, vamos matar toda sua família: sua mãe, sua irmã e seu filho. Temos fotos de todos eles — disse com os dentes cerrados enquanto a encarava com olhos amarelados.

— Por que você está fazendo isso comigo? — perguntou Monica.

Esmeralda explicou que queriam que ela fizesse um trabalho para eles, e que então ela estaria livre. Ela disse que explicaria tudo à medida que as coisas avançassem, mas que eles não a deixariam partir até que o trabalho estivesse feito.

— A única resposta possível é sim ou sim — concluiu, antes de dar um tapa no rosto de Monica.[33]

Monica sabia que estava presa na teia de Esmeralda. Depois que se casou com Reyes Rosa e ele foi assassinado, ela denunciou para a polícia seu desaparecimento e encarnou o papel de viúva de luto no seu velório, como mandaram que ela fizesse. Monica então reclamou o corpo e, mais para a frente, o seguro de vida - dinheiro que em seguida entregou para Esmeralda.

Apenas com o casamento de Monica, Esmeralda e seus colaboradores fizeram mais de 60 mil dólares, de acordo com documentos judiciais - o que representava uma pequena fortuna em El Salvador, onde quase um quarto das famílias vive abaixo da linha da pobreza.[34] Em outro casamento supostamente forçado com outra vítima mulher, chamada apenas de "Mateo" nos registros oficiais, as Viúvas Negras também mataram o marido e forçaram Mateo a reclamar seguro de vida, além de uma pensão mensal de 150 dólares.[35]

Monica afirmou no tribunal que nunca recebeu um centavo de Esmeralda. Em vez disso, ela e as outras mulheres da casa apanhavam da Viúva Negra com um pesado taco de madeira. Foi só ao cobrar o dinheiro do seguro de seu falecido marido que Monica se deu conta de que Esmeralda não tinha a menor intenção de deixá-la ir para casa depois de terminar aquele serviço. O banco que fez o pagamento tentou oferecer a ela uma apólice de seguro de vida grátis. Esmeralda ficou louca de raiva quando perguntou se ela tinha assinado os papéis e Monica respondeu que não porque faltavam alguns documentos. Foi então que Monica percebeu que era a próxima na lista de alvos de sua chefe e que Esmeralda forçaria sua mãe a cobrar o dinheiro do seguro após seu assassinato.

No final de janeiro de 2017, Esmeralda mandou Monica ir visitar sua família e avisar que não voltaria mais. Mas, quando saiu naquele dia, Monica não fez nada disso. Ela finalmente foi até a polícia com todas as provas que tinha juntado ao longo do último ano morando com Esmeralda: entregou cópias do atestado de óbito de Reyes Rosa, da certidão de casamento, dos pagamentos do seguro e fotos dela coberta de hematomas, resultado dos espancamentos promovidos por Esmeralda. Havia também as ameaças de morte que Esmeralda deixou no telefone de Monica quando se deu conta do seu sumiço.[36]

Esmeralda abandonou a casa pouco antes da chegada da polícia e desapareceu. As mulheres mantidas em cárcere privado foram resgatadas e três delas testemunharam o mesmo tratamento descrito por Monica – uma delas foi mantida em cativeiro por três anos.

Esmeralda só foi presa dez meses depois, em novembro de 2017. Em maio de 2019, ela foi condenada a trinta anos de prisão e entrou para a história ignóbil como o primeiro caso de condenação por um esquema de casamento forçado em El Salvador.

---

As histórias narradas neste capítulo me convenceram de que o papel das mulheres nas gangues da América Central é subestimado e mal compreendido. O poder delas existe e é cheio de nuances, porém muitas vezes não é visto a não ser que elas sejam protagonistas violentas – um problema que passa pelo nosso entendimento das mulheres no crime organizado como um todo.

Conhecer Adriana e Isabel e investigar os casos de Brenda e Esmeralda me deram a chance de vislumbrar o mundo das mulheres afiliadas a gangues para além da narrativa da vítima, além de uma amostra do que mais poderia existir.

Eu ainda gostaria muito de conhecer Esmeralda, ouvi-la falar sobre seus empreendimentos criminosos com suas próprias palavras. Existia alguma outra motivação além do dinheiro por trás de seus atos? Ela sente remorso? Ela se arrepende de vitimizar os homens e as mulheres que precisou usar para fraudar as empresas de seguro? Qual é sua relação com a gangue e qual era a natureza da sua relação com um dos seus membros, Wilbur? Ela foi seduzida por ele? Ou ele por ela? A natureza do poder nas relações amorosas e românticas é complexa, mas me parece que a união deles era a lógica por meio da qual seus negócios criminosos e violentos operavam. Um equilíbrio delicado dos papéis tradicionais do homem (executor violento) e da mulher (manipuladora/trapaceira/farsante) num esquema que vitimizava tanto homens quanto mulheres. Eu queria saber de quem tinha sido a ideia dos casamentos forçados e quanto da iniciativa por trás da ideia tinha vindo conscientemente da própria Esmeralda.

Como tantas das mulheres neste livro, talvez Esmeralda nunca converse comigo – por vontade própria ou pela determinação do governo em mantê-la fora dos holofotes. As vozes das mulheres no submundo do crime são ouvidas tão raramente que muitas das questões que envolvem seus crimes permanecem sem respostas, o que abre espaço para suposições, especulações e para a pura ficção.

Mas algumas vezes tive sorte, durante meu trabalho de campo, e me vi cara a cara com as mulheres no epicentro dessas histórias.

CAPÍTULO 5

# AS IRMÃS LEMUS E A BATALHA POR MOYUTA

## Santa Teresa

Há todo um ecossistema do lado de fora da prisão de Santa Teresa, na Cidade da Guatemala, que cuida das necessidades e vontades de quem está lá dentro. As pessoas que vêm visitar familiares e amigos são a tábua de salvação desses detentos. Trazem coisas que, em outras partes, é função do Estado fornecer: absorventes, pasta e escova de dentes, papel higiênico, sabonete, xampu, açúcar, ketchup, batata frita, bolachas, pentes, ovos, água, cobertores, pratos e copos descartáveis, amendoins e lenços umedecidos.

Muitos dos visitantes vêm de muito longe e, em vez de carregar essas coisas por todo o caminho, eles as compram quando chegam aos arredores da prisão, em barracas montadas com esse propósito ao longo da rua que dá na prisão. As lojas improvisadas têm paredes de madeira e telhas metálicas. Tudo que está à venda fica empilhado lá dentro sem nenhuma cerimônia, como se cada loja fosse um depósito.

Cubículos improvisados com cortinas imundas oferecem aos visitantes uma última chance de irem ao banheiro antes de pegar a fila para entrar na prisão, já que a espera pode ser longa, de vinte minutos até várias horas. É também quando muitas mulheres aproveitam a oportunidade para trocar de roupa. Tiram as vestimentas simples que usaram para a viagem de ônibus e colocam as roupas que querem que seus homens as vejam usando. Parece até que existe um uniforme: vestidos bem curtos e justos que mal cobrem a bunda e sandálias no estilo gladiador de solas finas e tiras amarradas em zigue-zague até a parte de baixo das panturrilhas. Estão com tudo.

O trecho final até os portões da prisão é uma subida bem inclinada, e, por alguns pesos, homens suados levam até lá em cima, em carrinhos de mão, as mercadorias que as pessoas – em sua grande maioria mulheres – compraram fora da prisão para levar para dentro. Muitas dessas mulheres trazem crianças pequenas a tiracolo, e elas ou seguem os homens com os carrinhos de mão ladeira acima vagarosamente ou pagam um pouco mais por um *tuk-tuk* – um triciclo motorizado que funciona como táxi. Algumas preferem andar, talvez para se pouparem da vergonha de subir num desses táxis em vestidos que não tapam quase nada.

Muitas das mulheres vêm visitar namorados, irmãos ou maridos membros das gangues da Mara Salvatrucha ou Barrio 18, de acordo com meu contato na região, que vamos chamar de Iris, que passa muito tempo dentro e nos arredores de Santa Teresa. Ela me contou que as mulheres se vestem assim por dois motivos. O primeiro é que esse é o estilo da gangue, que supostamente complementa as calças folgadas, os coletes e o estilo *cholo* de que seus homens gostam.

Mas o segundo motivo é que todas as mulheres que entram na prisão são submetidas a revistas íntimas, como Isabel descreveu no Capítulo 4. Vaginas e ânus são lugares perfeitos para levar drogas, rolos de dinheiro e mesmo pequenas armas. Organizações criminosas são comandadas de dentro de prisões como esta, onde as drogas e as extorsões são prósperas, e as mulheres exercem um papel fundamental no transporte de coisas para dentro e para fora. Os vestidos curtos aceleram a revista íntima, um processo profundamente degradante tanto para as guardas como para as namoradas, esposas e mães que querem entrar.

— Você se acostuma — disse Isabel sobre as revistas.

Assim como Isabel, as mulheres que visitam detentos na *población* – que significa "população" e é como a área em comum da prisão é chamada – veem as revistas íntimas como um mal necessário.

Estive em Santa Teresa para visitar uma mulher em confinamento solitário, numa área que, devido à natureza dos detentos, era considerada de segurança máxima. Seu nome era Marixa Lemus e ela já tinha escapado da prisão duas vezes, o que lhe rendeu o apelido de "Chapo" guatemalteca, em homenagem ao chefe do tráfico mexicano cujas fugas eram dignas do cinema. Ela estava na solitária para evitar que ela humilhasse a polícia novamente com mais uma fuga. Suas duas últimas fugas haviam feito dela uma celebridade, e essa foi a principal razão para eu não pedir a autorização oficial de jornalista para entrar na prisão e falar com ela. Tinha certeza de que o governo teria rejeitado.

Foi por isso que Iris me contrabandeou para dentro, sob o pretexto de que eu trabalhara para ela. Enquanto as mulheres com vestidos minúsculos e sandálias entravam, tivemos que esperar que o diretor da prisão aparecesse para assinar a permissão com meu nome.

— Eu que vou falar. Você só ouve — ressaltou Iris enquanto esperávamos.

Foi o que fiz quando o diretor apareceu: fiquei parada em silêncio enquanto ele assinava a permissão. Minha revista foi muito rápida, ainda bem, e eles me autorizaram a entrar com papel e caneta na prisão. Seguimos um guarda por uma rampa que levava até a parte de segurança máxima da ala feminina, que tinha sido dividida em seções com arame farpado. As mulheres estavam sentadas em pequenos grupos, algumas escovando os cabelos umas das outras ou jogando cartas.

Eu não fazia ideia dos motivos pelos quais a maioria das mulheres nessa seção da prisão estavam lá. A população carcerária feminina na América Latina aumentou muito nas últimas duas décadas, atingindo "proporções alarmantes", não só em números, mas em percentual do total de pessoas encarceradas na região. Em 2018, o percentual de mulheres presas em muitos dos países da região era maior do que a média global.[1]

A taxa de crescimento de mulheres presas ultrapassou a dos homens. O uso da prisão provisória como padrão na maioria dos países da América Latina significa que muitas mulheres apodrecem no sistema penitenciário durante anos, esperando que seus processos andem na justiça. No caso das prisões guatemaltecas como Santa Teresa, a população carcerária feminina aumentou seis vezes: de 433 detentas em 2001 para 2.923 em 2020.[2]

São poucas as mulheres encarceradas por crimes tão graves quanto os de Marixa. Apesar de estarem cada vez mais envolvidas com o crime organizado, como o tráfico de drogas, a vasta maioria das mulheres é detida e presa por crimes leves relacionados às drogas, como o cultivo de plantas usadas para a produção de narcóticos, como a coca (planta que é a matéria-prima da cocaína e é cultivada na América do Sul), papoula (matéria-prima para o ópio e a heroína) e maconha. Muitas das mulheres envolvidas com o tráfico também trabalham como "mulas" e vendem drogas nas ruas, delitos que acarretam penas pesadas em países latino-americanos. Essas contravenções leves são as maiores responsáveis pelo crescimento da população carcerária feminina, de acordo com um estudo recente.[3]

O impacto social e econômico de tantas mulheres presas é preocupante, e impacta não só o presente, mas também o desenvolvimento futuro da sociedade. Famílias uniparentais são tão comuns em países como a Guatemala que as mulheres são quase sempre as únicas a cuidar das crianças e a sustentá-las. Com elas presas, o dinheiro seca. Na maioria das prisões, as detentas podem ficar com seus filhos até que completem 3 ou 4 anos, o que não é o ideal, mas é melhor do que a alternativa que muitas mães têm: deixar os filhos com parentes ou amigos do lado de fora. Elas, entretanto, não têm outra escolha a não ser deixar que seus filhos mais velhos se virem sozinhos do lado de fora, num país onde a tentação das drogas, do crime e das gangues está em quase todas as esquinas.

Alguns de vocês podem estar pensando que mães provavelmente não deveriam se envolver com o transporte e o tráfico de drogas, mesmo que em pequenas quantidades. O estigma em torno do envolvimento das mulheres com o tráfico existe não apenas por causa das questões éticas que envolvem o tráfico de drogas em si e seu impacto nas comunidades, mas porque muitas vezes as mulheres escolhem participar. E isso acontece com muito mais frequência do que podemos imaginar.

Eu só posso falar do que presenciei em muitas comunidades latino-americanas, que é um alto nível de pobreza aliado com uma falta de opções melhores para muitas pessoas. Algumas mulheres decidem tomar o caminho da ilegalidade e se envolvem com o tráfico de drogas, outras não. Por quê? Estas são as grandes questões da vida – por que seres humanos tomam decisões diferentes quando confrontados com as mesmas circunstâncias? Para todas as mulheres presas que não conseguiram sair impunes, existem muitas que conseguiram, e suas atividades criminosas garantem uma renda para elas e suas famílias que elas não conseguem – ou não querem – ganhar de outro jeito.

Durante minha pesquisa, descobri que algumas mulheres sentem atração por esse tipo de trabalho, exatamente como alguns homens. "Brenda", a detenta que mencionei na Introdução e que está presa por comandar um esquema de sequestros, disse que "tinha curiosidade em saber como as coisas funcionavam" quando perguntei por que ela tinha se envolvido com esse tipo de negócio.

Ela era uma criminosa de peso, mas a maior parte das mulheres encarceradas está ali por delitos bem menores. A maioria delas não representa um "perigo para a sociedade." Muitas, quando forem soltas, provavelmente se sentirão forçadas, para sobreviver, a recorrer aos mesmos meios que as fizeram serem presas. É um círculo vicioso e deprimente que não será quebrado a não ser que um dos pilares da guerra às drogas – penas severas para delitos leves ligados às drogas que afetam sobretudo as mulheres – mude ou mesmo desapareça.

Muitas das mulheres com quem cruzei naquele dia em Santa Teresa ficariam ali por um longo tempo. Iris e eu seguimos o guarda até um pequeno prédio que mais parecia uma casa, onde cumprimentamos o diretor da ala feminina. Ninguém me perguntou quem eu era ou o que estava fazendo ali.

O cômodo ao lado da sala do diretor era uma "cela", que na verdade era um quarto. Não havia grades. Nele estava Roxana Baldetti, ex-vice-presidente da Guatemala, agora caída em desgraça. Iris a cumprimentou e nos apresentou casualmente.

Talvez vocês se lembrem de Roxana do Capítulo 3. Ela era, supostamente, um dos contatos do alto escalão e facilitadora de Marllory Chacón – o que Baldetti sempre negou. Marllory, a traficante e lavadora de dinheiro que trabalhava com Sebastiana Cottón Vásquez e Yaneth Vergara Hernández, já tinha passado pelo sistema penal americano quando me encontrei com Baldetti em 2020. O tempo que Marllory passou presa talvez tenha alguma coisa a ver com o fato de que agora há acusações de tráfico de drogas à espera de Roxana nos Estados Unidos. Sua extradição – depois que ela cumprisse a sentença de quinze anos por corrupção na Guatemala – era quase garantida.

Eu já escrevi milhares de palavras sobre Roxana e as acusações contra ela e o presidente na época, Otto Pérez Molina. Suas histórias fazem parte de um capítulo crucial da história guatemalteca, durante o qual protestos de rua e a investigação internacional de um esquema de suborno destituíram ambos do poder. Roxana é uma criminosa celebridade, e de repente eu me vi frente a frente com ela.

Seus cabelos estavam presos num rabo de cavalo, com alguns fios brancos em meio aos pretos. Estava calma e ao mesmo tempo animada e de bom humor, apesar das circunstâncias. Fiquei feliz por ela não saber que sou jornalista. Assim como todas as outras pessoas em Santa Teresa, ela não perguntou quem eu era ou o que estava fazendo na ala de segurança máxima. Em vez disso, nos mostrou as camisolas que estava fazendo e embrulhando para vender lá fora. Eu notei um notebook da Apple em cima da cama arrumada com perfeição, que ficava em um quarto separado da sala. Eu me perguntei se estaria conectado à internet.

Era provável que Roxana fosse a prisioneira mais badalada da Guatemala naquele momento. E Marixa Lemus estava presa na mesma ala.

## Encontrando La Patrona

Marixa, agora já perto dos 50 anos, subiu pelas escadas que vinham de uma cela no porão em direção ao iluminado pátio onde eu a esperava. Ao sair da ala mais escura, piscou os olhos por causa da claridade. Estava usando um boné branco da Nike que cobria seus longos cabelos pretos presos num rabo de cavalo. Sua pele era pálida e limpa, com algumas sardas, as sobrancelhas grossas e escuras. Vestia uma camiseta preta da Adidas por cima de um top branco de manga comprida.

Expliquei que estava escrevendo um livro sobre mulheres no crime organizado e que queria entrevistá-la. Ninguém a tinha alertado da minha visita, mas ela se sentou no mesmo instante em uma mesa no canto para conversarmos enquanto guardas e outros detentos passavam por nós. Queria me contar sua história. Não me deixaram entrar com um gravador, então me concentrei em escrever tudo que Marixa dizia. Disseram que só teríamos vinte minutos.

Quando nos encontramos, eu já tinha visitado o departamento de Jutiapa, na região fronteiriça da Guatemala com El Salvador, onde ela cresceu com a irmã Mayra, o irmão Magno e o restante do clã Lemus. Agora a maior parte dos seus familiares mais próximos estava morta, após uma violenta batalha por poder na política e no crime. Marixa era uma sobrevivente.

Sua terra natal era um corredor crucial para as drogas que iam para o norte e os lucros que iam para o sul. A família Lorenzana, da qual você talvez se lembre do Capítulo 3, dominava o corredor principal, na região fronteiriça da Guatemala com Honduras, no sudeste. Jutiapa, na parte sudoeste da Guatemala, é cortada por grandes estradas que adentram o país vindas de El Salvador. Quando fui para a Ciudad Pedro de Alvarado, área que já foi dominada por Marixa, duas semanas antes de visitá-la na prisão, a estrada que atravessa a fronteira estava lotada de caminhões enormes, grudados para-choque com para-choque, esperando para entrar em El Salvador. Do outro lado, caminhões iam de El Salvador para a Guatemala.

Cartéis de drogas e seus cúmplices aproveitam o intenso movimento de mercadorias em fronteiras como essas para esconder seus bens à vista de todos. Pacotes de heroína e cocaína são escondidos em compartimentos ou colocados em meio a outros produtos, como açúcar e feijão. Mulheres como Digna Valle, Marllory Chacón e Sebastiana Cottón, mais ao sul da América Central, e Guadalupe Fernández e Luz Fajardo, mais ao norte, no México, provavelmente já passaram por essa via de acesso crucial. Moradores locais e promotores antidrogas na Cidade da Guatemala argumentam que há simplesmente caminhões demais para conferir e vistoriar. As autoridades de fronteira em países como esses raramente têm *scanners* em funcionamento e agentes em número suficiente para realizar até mesmo inspeções básicas nos caminhões e contêineres que passam por lá. Tanto a polícia como os residentes locais afirmam que a droga é transportada para o norte e o dinheiro proveniente dos lucros das vendas é escondido em caminhões e levado para os fornecedores na América do Sul.[4]

O deslocamento constante de produtos ilegais através desse canal é o que torna cidades fronteiriças como esses territórios tão lucrativas. Autoridades locais, eleitas ou não, podem auxiliar ou atravancar a passagem da preciosa carga, e podem taxar organizações regionais como aquelas comandadas pelos Lorenzanas, a leste, os Valles, ao sul, e os El Chapos, ao norte, para garantir sua passagem sem percalços.

Mas só existe espaço para um Patrón – ou Patrona, como Marixa ficou conhecida depois de ser presa. E na cidade de Moyuta, vizinha da fronteiriça Ciudad Pedro de Alvarado, a luta pelo poder se tornou um esporte sangrento.

A família Lemus, à qual Marixa pertencia, possuía um legado político na cidade, assim como laços históricos com organizações locais que traficavam drogas de outras regiões da América Central. O clã Lemus controlava a preciosa passagem na fronteira, que era uma das portas de entrada para traficantes que levavam narcóticos para o norte, para a Guatemala e em direção aos Estados Unidos.

Quase em cima desse ponto da fronteira fica um hotel chamado Los Cuernos. Centenas de caminhões passam por ali todos os dias. Foi aí que Mayra, irmã mais velha de Marixa, fez sua última refeição em fevereiro de 2011. Ela era candidata a prefeita de Moyuta nas eleições que estavam por vir e reuniu alguns dos seus apoiadores para um almoço de campanha.

Os convidados mal tinham terminado de comer as entradas quando duas caminhonetes pararam em frente ao hotel. Homens fortemente armados com fuzis AK-47 desceram e começaram a atirar antes que as vítimas pudessem reagir, de acordo com testemunhas. Oito pessoas foram baleadas naquele dia, incluindo Mayra e pelo menos um dos seus guarda-costas.

Marixa, que estava ali perto em um festival de cavalos naquele momento, me contou que escutou quando o tiroteio começou. Ela entrou em seu carro blindado e correu em direção ao combate. Seus guarda-costas entraram em outra caminhonete e a seguiram, apertando a buzina na esperança de fazê-la parar. Mas Marixa estava determinada a ir até a irmã.

Quando os atiradores viram a caminhonete dela se aproximando, apontaram as armas em sua direção e descarregaram seus pentes. Marixa podia sentir e ouvir os tiros atingindo o para-brisas. Sabia que precisava parar, então freou bruscamente e engatou a marcha à ré.

Ela me contou que foi direto para a delegacia, mas eles se recusaram a se envolver. Quando Marixa voltou para o hotel, os homens armados já tinham ido embora fazia tempo. Assim como Mayra. Ela encontrou o corpo da irmã numa sala nos fundos, a poucos metros de onde ela almoçava. Mayra tinha rastejado até lá para se esconder, mas os agressores atiraram pela porta e invadiram o local.

— O rosto dela estava destruído e ela estava deitada em uma piscina formada pelo seu próprio sangue — disse Marixa.

O ataque virou lenda na região e, dez anos depois, é conhecido como "o massacre de Los Cuernos". Mas o assassinato de Mayra naquele dia não foi completamente inesperado.

— Ela era famosa por ser uma assassina. A cidade toda tinha medo dela porque era uma assassina. Simples assim. Ela decidia quem vivia e quem morria — me contou um empresário local enquanto conversávamos à sombra do restaurante Los Cuernos. Mayra tinha sido morta a apenas alguns metros de onde estávamos sentados.

Reza a lenda que Mayra, nas fotos com cabelos ruivos até os ombros e um corpo troncudo, matou o próprio marido na casa onde moravam e então desovou o corpo em outra área da cidade. Não consegui checar a veracidade do evento, e ela nunca foi acusada ou condenada por isso. Mas dez anos após sua morte, o medo que as pessoas ainda sentiam dela continuava bastante palpável.

Em parte, seu poder na cidade provinha da geografia e do contexto. Se você está envolvido com negócios ilegais, como o narcotráfico, a matemática para proteger seu território e sua participação de mercado é simples: matar ou morrer. Não é que esse meio esteja cheio de psicopatas com sede de sangue (apesar de eles existirem), mas a violência é uma estratégia de negócios, uma ferramenta que protege o território e os mercados e gera terror a fim de manter as pessoas submissas à sua vontade. Mayra compreendia isso, e seus irmãos também.

— Eu não sei dizer quantos buracos ela tinha no corpo naquele dia — contou Marixa sobre a irmã. — Eu vi as costas dela. Eu sabia que ela estava morta.

Seus olhos se encheram de lágrimas.

Quando foi morta, Mayra era uma das duas únicas pessoas candidatas para o cargo de prefeito. Seu irmão Magno tinha sido prefeito de Moyuta até sua morte, em 2009, de ataque cardíaco. Mayra estava terminando o mandato dele quando foi assassinada. Contudo, aquela não tinha sido a primeira vez que alguém tentava se livrar dela - e de Magno.

A apenas alguns minutos de distância do Hotel Los Cuernos, a estrada faz uma curva para a direita e depois para a esquerda na saída da Ciudad Pedro de Alvarado. Na beira da estrada há um altar em forma de arco, quase invisível quando o visitei por causa do mato alto. Embaixo do arco existem três cruzes enferrujadas com os nomes dos mortos pintados de branco, todos da família Lemus. Um toco ocupa o lugar onde antes havia uma quarta cruz. Ela carregava o nome da filha de Marixa, Jennifer, que tinha 19 anos quando foi morta ali em 2006. Um atirador disparou na direção do carro em que Jennifer viajava com sua tia Mayra e seu tio Magno. Mas, desde que o memorial foi instalado, alguém arrancou a cruz do chão.

Mayra e Magno saíram ilesos da emboscada na estrada, que ocorreu durante outra campanha política: a da primeira candidatura de Magno para prefeito. Ele acabou ganhando as eleições para as quais ele e Mayra estavam fazendo campanha, e o autor do ataque na estrada permanece desconhecido. Porém, Marixa acha que sabe quem é o responsável pelo massacre no restaurante do Hotel Los Cuernos que matou Mayra: Roberto Marroquín Fuentes, o nêmesis político dos Lemus.

Marroquín, que ainda é prefeito de Moyuta no momento em que escrevo este livro, era o rival político de Mayra nas eleições de 2011 e um dos principais suspeitos na investigação de seu assassinato, que aconteceu meses antes da votação, de acordo com reportagens baseadas em documentos da promotoria pública. Quando Mayra foi morta, Marixa logo assumiu sua candidatura para as eleições.[5]

Para aumentar suas chances de vencer, ela formou uma coalisão com outro rival político (e criminoso) de Marroquín, um homem chamado Rony Rodríguez, que era o candidato com as maiores chances de vencê-lo nas eleições. Notícias da época também afirmaram que Rodríguez tinha herdado de Magno mais do que seu manto político: com a morte de Magno, agora era Rodríguez que taxava as rotas das drogas.

A aposta de Rodríguez na carreira política, porém, não era para ser. Ele foi morto a tiros alguns meses depois de Mayra, deixando Marixa sozinha na campanha para as eleições. Marroquín ganhou de lavada.

Marixa odeia Marroquín com o tipo de ódio passional capaz de aquecer minhas mãos no tempo que passei sentada com ela na prisão de Santa Teresa. Era tão intenso que, de acordo com Marroquín, ela tinha tentado matá-lo. Três vezes.

As supostas tentativas de assassinato aconteceram num período de seis meses. Homens armados fizeram uma emboscada para o carro onde estava Marroquín em novembro de 2013 e, menos de um mês depois, bombas foram plantadas em uma ponte que ele precisava atravessar para voltar para casa, de acordo com notícias da época. As bombas não explodiram, e a polícia local, que supostamente fazia parte da conspiração para matá-lo, fugiu, abandonando seus fuzis AK-47 e pelo menos uma granada na cena do crime, que mais tarde foram encontrados por investigadores.

A terceira tentativa ocorreu quando Marixa já estava presa. A lista de crimes pelos quais foi detida era medonha. Marixa e outros supostos sete cúmplices foram presos pela Guarda Nacional em abril de 2014, acusados de sequestrar e assassinar Amanda Lemus, tia dela. Eles a sequestraram e exigiram 30 mil dólares de resgate, de acordo com o Ministério Público da Guatemala.[6] Mesmo depois de conversar com Marixa, não ficou claro para mim por que ela sequestrou e assassinou a tia, mas é possível que tenha recebido alguma informação que a fez acreditar que a família da vítima tinha condições de pagar um regaste naquele valor.

Em um comunicado emitido após sua prisão, o Ministério Público também ligou Marixa à segunda tentativa de assassinato de Marroquín, em dezembro de 2013, assim como ao assassinato de seu próprio marido – Álvaro Alfonso Mejía Estrada – em fevereiro de 2014.[7] As autoridades declararam que ela mandou matá-lo porque queria tomar o controle de alguns dos negócios que ele possuía. Apesar de negar sua participação, Marixa foi condenada a incríveis 135 anos de prisão por sequestro e homicídio.

Mas Marroquín ainda acredita que Marixa estava por trás da terceira e última tentativa de assassiná-lo, apesar de estar presa quando essa tentativa aconteceu. Sua esposa, seu guarda-costas e ele próprio foram feridos por agressores armados em novembro de 2014, quando seu comboio caiu em uma emboscada. Não é inconcebível pensar que Marixa tenha ordenado o ataque da prisão, mas a maioria dos integrantes de sua gangue tinham sido presos com ela em abril daquele ano, portanto encontrar pessoas dispostas a fazer o trabalho de dentro da cadeia teria sido um desafio.

É claro que eu precisava falar com Marroquín. Não só para dar a ele o direito de resposta, mas também por pura curiosidade de conhecer alguém que tinha atormentado tanto e talvez levado a melhor sobre Marixa. Assisti a entrevistas dele na televisão e li artigos a seu respeito na imprensa. Era pequeno e franzino, com cabelos pretos cortados bem curtos. Tinha um sorriso simpático, era charmoso e tinha um estilo gregário.

Mas, quando cheguei à Guatemala, minhas fontes me aconselharam a não me encontrar pessoalmente com Marroquín. Algumas dessas fontes eram funcionários públicos. Não era a primeira vez na América Latina que eu via pessoas com mais medo de governadores locais e políticos do que de traficantes de drogas. Faz sentido. Traficantes como os Lorenzanas, os Valles ou El Chapo não têm onde se esconder – tudo o que fazem é o que fazem. Mas políticos que são corruptos ou atuam dos dois lados, auferindo lucros com atividades criminosas, costumam ostentar a capa da honestidade. É mais difícil incriminá-los e abalar sua credibilidade, e eles provavelmente têm mais a perder se isso acontecer. Mas a impunidade é a norma para agentes públicos com uma atuação criminosa nessa região, e eles também têm recursos públicos – polícia, armas e dinheiro público – à sua disposição para proteger e promover seus interesses.

— No passado, não era o traficante que se candidatava para prefeito. Eles financiavam as campanhas e escolhiam o candidato. Agora, os prefeitos controlam o narcotráfico diretamente — me contou Gerson Alegría, promotor-chefe antidrogas da Guatemala.

Ele viu prisões e evidências contra políticos eleitos se acumularem à medida que o crime organizado passou a trabalhar com eles, e não contra. Quando perguntei sobre a tensão entre os clãs Lemus e Marroquín, ele me disse:

— Temos a mesma informação: que é uma batalha pelo controle do território.[8]

Mas nem a equipe de Alegría nem ninguém de dentro do sistema judiciário guatemalteco jamais acusaram Marroquín de qualquer crime.

Achei melhor não pagar para ver. Solicitei uma chamada por Zoom com Marroquín quando cheguei à Cidade do México. Ele pareceu feliz em atender ao meu pedido. A sensação que tive é que nós dois gostamos da conversa, apesar de eu ter feito algumas perguntas bem estranhas, por exemplo, se ele já tinha tentado matar alguém.

Marroquín me garantiu que não teve nada a ver com a morte de Mayra e que colaborou com as investigações. Ele apenas agia para se proteger, disse, e a família Lemus se ressentia da popularidade local dele. Disse que é vítima de um acordo político que quer se livrar dele por causa de sua influência e boas ações.

— Se eu fosse traficante, não seria político. Estaria escondido — argumenta, sentado em sua escrivaninha em Moyuta, onde, vestido com uma camisa azul-marinho, dava risadinhas e gesticulava sem parar.[9]

Mas uma carreira política é o disfarce perfeito para alguém envolvido com o narcotráfico. Por que quem teria a audácia, não é?

---

Não se sabe se Marroquín está relacionado com a prisão de Marixa. Mas, mesmo se quisesse, ele não conseguiria esquecê-la. Graças às suas duas fugas desde que foi presa, em 2014, ela ganhou mais atenção, notoriedade e mais tempo de cadeia. A primeira vez foi em maio de 2016, dois anos após sua prisão. Supostamente algumas detentas ajudaram Marixa a pular um muro, mas poucas horas depois ela foi recapturada. Sem se deixar abater, tentou mais uma vez no ano seguinte, dessa vez escapando da prisão militar de segurança máxima Mariscal Zavala, segundo dizem, usando um uniforme dos guardas. Um carro à sua espera a tirou dali. Duas semanas depois, as autoridades enfim a encontraram no vizinho El Salvador. Fotos nas redes sociais mostravam que tinha tingido os cabelos de um ruivo bem escuro, igual à irmã Mayra. Sua captura foi um evento midiático, e até mesmo o presidente da época, Jimmy Morales, tuitou sobre a prisão.[10]

Saber que ela poderia escapar a qualquer momento impediu Marroquín de relaxar.

— Ele treme na base quando vê Marixa — me contou uma fonte em Ciudad Pedro de Alvarado. — Quando sai por aí com seus guarda-costas, é todo valentão, mas morre de medo dela. Quando ela fugiu pela segunda vez, ele não saiu de casa até ela ser capturada. Não compareceu a nenhum compromisso público.

Talvez ele tivesse outras coisas em mente? Quase ao mesmo tempo que Marixa executava sua segunda grande fuga, o irmão de Marroquín também estava fazendo história. Jorge Mario Marroquín Fuentes foi preso em maio de 2017 com quase uma tonelada de cocaína em um barco ao largo da costa de Acajutla, Sonsonate, em San Salvador, que fica do outro lado da fronteira, duas horas ao sul de Moyuta. O ministro da Defesa de El Salvador afirmou na época que aquela tinha sido de longe a maior apreensão de cocaína da história do país.[11]

---

Quando contei para Marixa que diziam que Marroquín não tinha saído de casa após as notícias de sua segunda fuga, ela nem tentou esconder o amplo sorriso.

— Eu sei que [Marroquín] morre de medo de mim porque sou uma mulher que assumiu as rédeas e vou vingar a mim e a todos os membros da minha família que ele tirou de mim — disse.

Marroquín não é o que aparenta ser, ela conta, e usou de artimanhas e trapaças para chegar aonde chegou. Ela sugere outra explicação para os atentados que ele sofreu.

— Foram autoatentados — afirma, sugerindo que os "ataques" foram encenados por ele mesmo.

Outra fonte em Ciudad Pedro de Alvarado disse a mesma coisa, e, quando repeti a teoria para Alan Ajiatas, representante da promotoria antidrogas, ele respondeu:

— Bem, como resultado dos atentados contra sua vida, [Marroquín] realmente justificou a compra de carros à prova de balas [com dinheiro público], então é provável.[12]

Marroquín deu risada quando contei a teoria para ele. Mas Marixa, que continuava na prisão, não estava rindo.

— Quando saí de Mariscal, ele falou que eu era uma mulher perigosa e que precisava redobrar sua segurança. Saiu por aí falando e manchando o nome da minha família quando ele mesmo está envolvido [com essas coisas erradas] — disse.

Por enquanto, Marroquín continua rindo por último. Depois que me despedi de Marixa naquele dia na prisão, em março de 2021, ela estava agarrada a uma pasta com documentos que disse estarem relacionados a um recurso que iria protocolar para ter sua pena diminuída. Nos sistemas judiciários da América Latina, quase tudo é possível, mas, mesmo assim, a probabilidade de ela ser solta tão cedo - legalmente ou ilegalmente - é mínima.

Queria ter tido mais tempo para conversar com ela. Poderia ter ficado ali sentada ouvindo as histórias de Marixa por horas. Algumas semanas depois que fui embora da Guatemala, uma pessoa chamada Mari Perez entrou em contato comigo pelo Facebook. Vi a mensagem de manhã cedo, com os olhos ainda embaçados, logo depois de acordar. Desde então, parei de olhar meu celular logo cedo, para ter tempo de tomar juízo antes de fazer alguma bobagem.

— *Hola*... você esteve na Guatemala — disse Perez.

— Sim — respondi. Então olhei as fotos do perfil, e todas eram fotos de Marixa.

Alguns dias depois, "Mari" tentou me ligar, mas não atendi.

— Eu sou uma parente da Marixa, que você visitou na Guatemala — ela escreveu. — Ela quer saber se você pode contar mais sobre o seu livro.

Era possível - aliás, provável - que Marixa tivesse acesso ao Facebook na solitária dentro de uma prisão de segurança máxima. Se o governo a vigiasse e visse que estávamos nos falando, o melhor que poderia acontecer comigo seria me proibirem de entrar na Guatemala. O pior que poderia acontecer seria me confundirem com algum tipo de colaboradora. Meu contato na região, Iris, ficou furiosa por eu ter respondido à mensagem, mesmo que só uma vez. Então nunca mais o fiz, apesar de estar *morrendo* de vontade.

CAPÍTULO 6

# SINALOA – E O INÍCIO, O MEIO E O FIM DE EMMA CORONEL

Ela ergue a arma para atirar. Seu cabelo preto-graúna e a impecável pele branca estão protegidos do sol já escaldante por um chapéu de abas largas, numa manhã de março em Sinaloa, México. Ela morde o lábio inferior, pintado de um vermelho vibrante. Grossas unhas pintadas de branco descansam por um momento na parte de cima da pistola Glock enquanto ela mira. Estabiliza-se graças às pernas fortes e atléticas; a bunda, perfeita, redonda e firme, se contrai à medida que seus saltos afundam no chão de cascalho.

Então ela abaixa o dedo até o gatilho e o pressiona uma vez para atirar, sentindo o coice da arma em seus braços esticados. Essa é sua primeira vez usando uma arma na vida, mas, alguns metros à frente, ela acerta a silhueta humana bem na garganta.

Foi assim que Emma Coronel, esposa de Joaquín "El Chapo" Guzmán, aprendeu a atirar.

Quando seu marido foi extraditado do México para os Estados Unidos, em janeiro de 2017, para ser julgado pelo império do narcotráfico que construíra do zero em Badiraguato, Sinaloa, Emma sabia que tinha ficado por sua própria conta. Era hora de aprender a se proteger.

Não importava que tivesse crescido nas montanhas de Sinaloa.

— Ninguém aqui dava a mínima se ela era a esposa de El Chapo depois que ele foi extraditado — conta uma fonte que treinava cartéis em cenários de guerrilha urbana.

Nascida na Califórnia durante uma viagem de seus pais, Emma cresceu em Canelas, uma cidadezinha no estado de Durango, vizinho a Sinaloa, no México. Essas são cidades minúsculas, onde todo mundo conhece todo mundo, e onde várias gerações de famílias crescem nos mesmos *pueblitos*. Essa parte do México é conhecida como o Triângulo Dourado, famosa pelas plantações clandestinas de papoula-dormideira e maconha que salpicam suas montanhas. Sua produção abastece o Cartel de Sinaloa com a droga que é enviada para os Estados Unidos.

O estado de Sinaloa é diferente do resto do México. O cartel que leva seu nome, fundado e sediado ali, há décadas controla vastas áreas de território urbano e rural, e trouxe consigo um conjunto de valores e costumes que se infiltraram na vida das pessoas. Tradições rurais se combinaram à cultura contemporânea do consumismo de ostentação que hoje é promovida e propagada pelo Tik Tok, YouTube e Instagram. É a *narcocultura* (cultura do narcotráfico), mas anabolizada. Para muitos dos que vivem ali, traficantes são heróis. Lendas. Benfeitores.

Existe uma "capela" no centro de Culiacán dedicada a Jesús Malverde, o santo não oficial dos narcotraficantes. Um bandido no estilo de Robin Hood, a quem os moradores locais visitam para rezar por ele e pedir favores. O chão de azulejo branco é cercado por paredes azulejadas verde-escuras. Na parte central da capela fica uma sala semelhante a uma caverna, cujas paredes estão cobertas por fotos de homens, mulheres, crianças e notas (tanto dólares como pesos) grudadas com fita adesiva. Logo à frente de um genuflexório, há um busto de Malverde, com flores artificiais por trás dele. Muitas das vezes em que visitei aquele lugar, um músico tocava canções melancólicas para os frequentadores que pediam favores. Os visitantes se ajoelham diante do busto de Malverde, colocam uma mão sobre sua cabeça, pedem o que precisam e deixam uma oferta em troca.

Do lado de fora da capela, lembranças para turistas, como chaveiros, canecas e velas com o rosto de Malverde e também do chefão do narcotráfico, Joaquín "El Chapo" Guzmán, são vendidas há muito tempo. Só que, em algum momento em 2019, um novo souvenir surgiu nas lojinhas em frente à capela: uma estatueta perfeitamente esculpida de El Chapo, marido de Emma Coronel, de quarenta centímetros de altura, boné azul, camisa rosa e um AK-47 de plástico nas mãos.

El Chapo é o arquétipo do homem de Sinaloa. Rural, grosseiro, simples, corajoso e forte. Ele usa seu conhecimento local e domínio da violência para superar os rivais. *Un cabrón, pues.* Um verdadeiro filho da puta. Nas áreas rurais de Sinaloa, uma cultura fortemente machista dita que os homens cuidem dos animais e da terra, enquanto as mulheres são responsáveis pela casa e pelas crianças.

A efígie de El Chapo à venda indica uma tendência mais ampla – a mercantilização e a exportação da narcocultura para o resto do mundo, conforme seu cartel crescia em poder e influência. Antes, sua imagem só era vista na mídia. Agora, enfeita bonés, camisetas e chaveiros. Ele é um personagem conhecido e cultuado como um herói. Claro, muita gente rejeita essa caracterização, tanto em Sinaloa como no resto do México, mas seu lugar entre as lendas locais está garantido.

— Somos como uma grande fazenda com um Costco — afirma Natalia Reyes, uma ativista feminista criada em Sinaloa.[1]

Ela se refere à perigosa combinação entre valores conservadores e consumismo americano que cresceu em Sinaloa e na América Latina de modo mais amplo nas últimas cinco décadas. Esse fenômeno ocorreu em paralelo ao aumento da demanda por cocaína, metanfetamina, heroína – e, mais recentemente, fentanil – que dá a organizações criminosas, como a criada por El Chapo, tanto poder e influência.

Emma Coronel aprendeu que ser a esposa de um traficante poderoso é bem parecido com andar na corda bamba. Todos os olhares estão sobre você, o que é muito excitante, mas, se você cair, as consequências podem ser fatais. Especialmente quando não existe rede de proteção.

Se traficantes de drogas são heróis, suas mulheres também devem ser adoradas e cultuadas. Uma parte de Emma adorava isso. Ela marcou presença no tribunal todos os dias durante o julgamento de seu marido em Nova York, o que equivalia a ter seu rosto estampado por toda a internet e jornais enquanto o caso se desenrolava. Sabia que seria reconhecida aonde quer que fosse e que o anonimato do qual tinha se beneficiado no passado já não existia mais. Mas pode ser que ela não se importasse com isso, talvez porque sempre tivesse desejado ser uma estrela. É provável que já soubesse desde aquele dia em 2007 em que conheceu El Chapo na pista de dança de uma fazenda sonolenta na pequena cidade de Canelas, quando era só uma aspirante a *miss* de 17 anos, que um dia poderia ser a mulher mais famosa de Sinaloa.

"Ele estava dançando com outra garota e eu com meu namorado, e nos encontramos no meio da pista de dança. Ele sorriu para mim, todo sedutor", lembrou Coronel em uma entrevista para a jornalista mexicana Anabel Hernández, em 2016. "Então alguém me disse: 'O *señor* perguntou se você gostaria de dançar com ele'. E eu respondi: 'Ok.'"[2]

Era um feito e tanto para uma adolescente se envolver com um homem como El Chapo. Naquela época ele já era uma lenda, tendo escapado, em 2001, de sua primeira cela de segurança máxima numa prisão chamada Puente Grande, supostamente escondido num cesto de roupas sujas. Quando conheceu Coronel, ele era um fora da lei, um bandido lendário amado por muitos por ter ido da pobreza à riqueza. Muitos sinaloenses o consideram um benfeitor para os humildes fazendeiros do estado que cultivam papoula e maconha nas terras dele, e muitos acham que os narcotraficantes lhes dão emprego e proteção, ao contrário do governo. Quando o presidente Andrés Manuel López Obrador visitou Badiraguato, cidade natal de El Chapo, em março de 2020, desafiou medidas recém-impostas por causa da covid e apertou a mão da mãe do traficante, que estava sentada em seu carro, um gesto que gerou entretenimento, mas também ojeriza.[3] Até o presidente mexicano reconhece o legado do chefe do tráfico.

Dois anos depois de conhecer Coronel, El Chapo entrou pela primeira vez na lista da *Forbes* das pessoas mais ricas do mundo, solidificando sua fortuna e fama e tornando-o um grande partido para as mulheres de determinados círculos. Círculos de narcotraficantes. O pai de Coronel, Inés Coronel Barreras, também era narcotraficante, e o relacionamento de sua filha com El Chapo era bom para os negócios. Foi nesse mundo que Emma cresceu.

Naquele dia em Canelas, depois de dançarem bastante, El Chapo ganhou a mão de Emma em casamento e ela, o concurso de beleza. Foi ali que sua caminhada na corda bamba começou, quando se envolveu emocional e financeiramente com El Chapo. Ele era sua rede de segurança, mas essa rede acabaria por ser tomada.

Reza a lenda que El Chapo garantiu que ela ganhasse o concurso depois de dançarem juntos. Que ele enviou uma caravana de homens em motocicletas, carregados de dinheiro, para convencer os juízes – o que Emma depois negou ter acontecido. E eu acredito nela. A beleza de Emma é incontestável nesses círculos. Ela não precisava da ajuda dele. Hoje, seus longos cabelos pretos e lisos, a cintura fina, combinados com nádegas e seios proeminentes, se tornaram o arquétipo de um certo tipo de beleza, e não apenas em Sinaloa, mas em todo o México.

Essa "aparência" se tornou uma inspiração.

### *Las buchonas*

— Uma vez eu estava no cabeleireiro e perto de mim uma mulher estava colocando extensão capilar. Ela se virou para o cabeleireiro e disse: "Eu quero ficar igual à Emma" — me contou Sara Bruna Quiñonez Estrada, na época procuradora-geral de Sinaloa e, antes disso, uma temida juíza, quando a visitei em seu escritório em fevereiro de 2022. — E isso me fez pensar: *como chegamos a esse ponto, em que essa mulher é um protótipo para gente de todas as classes sociais?*[4]

Esse estilo é conhecido como *buchona*, um termo local usado para se referir às mulheres envolvidas romântica ou sexualmente com narcotraficantes. Algumas traficantes e assassinas eternizaram esse estilo, a mais recente delas Claudia Ochoa Félix, uma das *buchonas* originais – namorada de um importante traficante e uma mulher que, segundo consta, se tornou ela mesma uma poderosa e violenta assassina a serviço do Cartel de Sinaloa. Assim como Emma, ela compreendeu a importância das redes sociais para a construção de uma marca, e suas contas no Instagram e no Twitter exibiam sua persona *buchona*, posando com armas, iates e carros de luxo. Ela tinha uma imagem mais agressiva do que a de Emma, embora negasse matar a mando do cartel. Ochoa Félix morreu em 2019, supostamente de uma overdose de drogas em sua casa em Culiacán, mas seu legado vive em diversas contas nas redes sociais. Inspiração, talvez, para a atual geração das redes sociais.

Mas o estilo *buchona* não é um monopólio das mulheres envolvidas com o mundo das drogas. A mulher que descrevi no início deste capítulo, que puxou o gatilho no campo de treinamento de tiro sob o sol escaldante de Sinaloa, é supreendentemente parecida com Emma. Mas seu nome é Tessa, uma contadora e mãe de dois filhos que não tem nada a ver com o narcotráfico além do fato de ter crescido cercada por ele.

Horas infinitas na academia não bastam para conquistar os contornos de uma *buchona*. Os seios e nádegas exagerados em relação à cintura fina, o nariz fino, os lábios carnudos, a pele branca - tudo isso tem um preço na crescente indústria de cirurgia plástica de Sinaloa. Imagine uma mistura de Kim Kardashian com Mortícia Addams. Longos e lisos cabelos pretos. As unhas. Tudo da Gucci, Versace ou Prada.

— [Emma Coronel] é como uma artista — me disse Janet Martínez Quintero, de 38 anos, enquanto conversamos sentadas nos sofás de um exclusivo salão de cabeleireiro e ioga no centro de Culiacán em fevereiro de 2021. — Além de tudo isso, ela é uma das mulheres mais lindas daqui.[5]

Martínez Quintero não aparentava ter mais do que 30 anos, com uma pele branca e limpa e cabelos loiros. As maçãs do rosto eram altas na medida certa, o nariz perfeitamente fino e reto. Ela me contou que sua primeira cirurgia plástica foi aos 18 anos. Seu primeiro tratamento foi uma lipoescultura, procedimento no qual o médico retira o excesso de gordura da cintura, dos braços e das costas e esculpe os glúteos. Desde então, ela já passou por mais de uma dúzia de outros tratamentos, incluindo implantes no seios e nas panturrilhas e a remoção de gordura das bochechas. Ela me diz que aquela é uma tradição de família. A mãe e as quatro irmãs também já passaram por diversos procedimentos cirúrgicos. Seu filho de 19 anos acaba de dar à namorada um implante nos seios.

— Aqui, isso está em nossas raízes, de todos nós — explica. — No seu país, onde você mora, eles fazem uma coisa, em outros países, não. Cada país tem sua própria cultura, não é? E aqui o que a irmã mais velha faz, a irmã mais nova faz, e depois disso a filha dela, e assim vai. Quer dizer, já é algo muito estabelecido... O que os mais velhos fazem, nós queremos fazer também. Como o que a mãe faz, a filha faz, a neta... É uma cadeia.

Foi uma entrevista difícil, durante a qual me senti num profundo conflito. Uma das minhas metas no meu trabalho é evitar julgamentos. Fazer o meu melhor para mergulhar de cabeça na vida e na história da pessoa à minha frente – seja ela uma vítima, seja ela uma assassina, boa ou má. Sempre apelei à empatia, que é essencial para compreender verdadeiramente a experiência de outra pessoa. Conversando com Janet, percebi que, se olhasse para uma foto dela adolescente, veria muito pouco daquela jovem na pessoa agora sentada à minha frente. Quase tudo nela tinha sido puxado, cortado, modificado, aumentado, diminuído, alisado ou branqueado. Ela fez cirurgias e tratamentos que eu nem sabia que existiam.

— A cirurgia é algo que satisfaz você, preenche você, que você gosta — ela disse.

Suas palavras vão contra muitas coisas pelas quais trabalhei minha vida inteira. Autoaceitação. Amor pelas partes do meu corpo de que não gostava, mas que não podia mudar. E trabalho duro para melhorar aquelas partes de mim passíveis de serem mudadas, tanto físicas como emocionais. Mas para ela as coisas eram diferentes. No fim das contas, minha análise a respeito provavelmente vem mesmo de um julgamento pessoal, por mais desconfortável que seja admitir isso.

— Quando você faz uma cirurgia, é como um presente de Deus. Se existir algo em você que não lhe agrada e você tiver a possibilidade e o dinheiro para mudar, você pode. Aumenta sua autoestima — disse Janet. — É assim que a cultura funciona por aqui. Se uma mulher não gosta do seu corpo e tem a oportunidade de pedir para um homem ou namorado, não importa, então eles dão isso de presente para ela. Eles vão e pagam pela cirurgia com o maior prazer.

Uma outra mulher no salão tinha vindo da Califórnia para fazer uma lipo e um implante nos seios. Ela me contou que o atrativo em realizar cirurgias no México é que os preços são melhores, mas também que os médicos aqui estão dispostos a ir mais a fundo do que em qualquer outro lugar.

— Aqui, tipo, não sei, parece que não é que eles vão contra as regras... É só o modo como eles modelam seu corpo, só sinto que trabalham melhor — conta.[6]

As mulheres podem não gostar dos seus corpos pelos mais variados motivos, e, para mulheres como Janet, a cirurgia é a resposta. Não é comer bem, nem fazer exercícios, nem terapia. Fazia sentido para mim. Sempre existe mais de um jeito de chegar ao mesmo resultado. Mas, do meu ponto de vista, a relação custo-benefício parecia mesmo variar. Eu conseguia entender como mudar isso ou aquilo podia se tornar um vício. Muito do que não gostamos em nós mesmos tem tanto a ver com nossa constituição emocional e psicológica, com as experiências vividas, condicionamento emocional e trauma, quanto com o que de fato vemos no espelho. Janet reconhecia que se submeter a cirurgias para consertar essas insatisfações era viciante. Mas não falou sobre a possibilidade de que ajustar o físico provavelmente não leva ninguém à raiz do que na verdade é um problema emocional.

— Uma coisa leva à outra — afirma Janet. — Eu faço minha bunda, então olho para os peitos e digo que vou fazê-los também. E daí depois disso você nota que seu nariz é um pouco torto, ou afina o queixo. Aí pensa que talvez um pouco de Botox nos olhos vai ficar ainda melhor, e que maçãs do rosto mais altas também ajudariam. Não? Aí você faz as pernas, coloca implantes nas panturrilhas. E uma coisa leva à outra, porque assim que você faz uma cirurgia, fica viciada.

Ficar viciado no autoaperfeiçoamento do tipo cirúrgico talvez seja só uma outra versão da busca constante por crescimento pessoal e autoaperfeiçoamento, não é? Não é a minha versão, mas parece ser a de Janet, e respeito isso. Tenho a impressão de que ela deve ter achado que meu corpo atlético, parecido com o de um menino, e meus seios pequenos pós-parto são coisas pelas quais eu não precisava sofrer, a não ser que quisesse. Ela pode até ter achado minha situação estranha ou confusa. Se eu podia pagar para aumentar os peitos e dar uma corrigida na silhueta depois de ter filhos, então por que diabos eu não o fazia?

Não posso dizer que fazer cirurgia para melhorar as partes do corpo que não amo nunca tenha passado pela minha cabeça, mas alguma coisa sempre me segura: não querer entrar na faca de novo depois de duas cesarianas e uma operação na hérnia. Não querer ceder para a vaidade. Medo do resultado, caso as coisas não saiam como o planejado. Nenhum desses sentimentos tem origem nobre, e todos trazem consigo uma reprovação à decisão de me autoaperfeiçoar por meio da faca. Acho que não sou tão acrítica quanto gostaria de ser.

Comecei a entrevista ciente da crença recorrente de que as *buchonas* muitas vezes são forçadas por seus namorados narcotraficantes a fazerem cirurgias plásticas. Tenho certeza de que já aconteceu antes, mas a ideia de que o estilo *buchona* tenha sido imposto a Janet por seu marido ou pelo narcopatriarcado é uma explicação muito simplista dos desejos dela e de muitas mulheres em Sinaloa. Como ouvi de muitas delas durante minha pesquisa em Culiacán, as mulheres competem entre si na sua busca por "beleza", do mesmo modo que competem pela atenção dos homens. Sim, talvez elas estejam mesmo atrás de ideais definidos pelos homens. Mas, como muitos moradores de Sinaloa me disseram, se um narcotraficante força sua mulher a ficar mais atraente e chamativa, isso pode gerar um problema, pois atrai mais competição, isto é, outros homens.

Enxergar as mulheres como vítimas unidimensionais dessa moda de esculpir os corpos é simplificar demais o problema. Tendo crescido em meio à cultura das cirurgias, Janet simplesmente não parece questionar os valores e as dinâmicas subjacentes a ela. Da mesma maneira que eu talvez não questione a lógica de usar exercício físico, dieta ou terapia para melhorar minha saúde, aparência e bem-estar psicológico. Para ela, é assim e pronto, sem perguntas. Mas mesmo pessoas que cresceram imersas nessa mesma cultura podem se comportar de maneiras diversas. Nem todas as mulheres em Sinaloa, ou no México, se inspiram nas imposições estéticas das *buchonas*.

Aderir aos padrões das *buchonas* contribui para o que pode ser descrito como um constante aumento na mercantilização do corpo feminino. As cirurgias plásticas, de acordo com uma renomada cirurgiã que entrevistei, e como Janet deu a entender, geralmente são pagas pelos parceiros dessas mulheres, e, do ponto de vista dessa médica, essa parece ser mais uma forma de controlá-las. Tanto por possibilitar a cirurgia e tudo que ela traz para as mulheres como pelos resultados estéticos que ela produz. Porque se seu marido ou namorado pagou por suas tetas e sua bunda, certo ou errado, isso dá a ele a ideia de posse sobre você. O que facilita que ele trate você como um objeto, e mesmo a descarte caso isso se torne necessário. E aqui a estética é bem diferente do amor pela cirurgia plástica em outros lugares do mundo, porque em outros lugares do mundo não é comum que os homens matem e desmembrem suas mulheres, ou as mulheres de outros homens, para mandar um recado, como fazem em Sinaloa ou no narcotráfico em geral. Há tipos especiais de violência reservados para as mulheres nesses espaços. É um modo de passar uma ideia.

— Se as mulheres vivem nessas circunstâncias, nas quais os homens são os provedores e as enchem de luxo e tudo mais, elas vão pagar por isso depois — me disse María Teresa Guerra Ochoa, diretora da Secretaria das Mulheres de Sinaloa, numa conversa que tivemos certa manhã em seu escritório no prédio do governo. — Se algum dia essas mulheres decidem sair dessas relações para viver sozinhas e em liberdade, bem, muitas vezes elas acabam sendo mortas. Existem muitas histórias assim.[7]

Como eu queria saber se estava entendendo errado toda a situação, então procurei a dra. Rafaela Martínez Terrazas, cirurgiã plástica de longa data de Janet. Sentada na sala de espera de sua clínica, me vi cercada por mulheres, cada uma delas com alguma parte do corpo enfaixada ou coberta de curativos. Eram todas muito jovens. Num canto, uma novela passava baixinho na TV, e todas as protagonistas se pareciam bizarramente com as mulheres sentadas comigo naquela sala de espera.

A dra. Martínez Terrazas passou boa parte de sua carreira aperfeiçoando o estilo "Emma", ou *buchona*. Ela é considerada uma das melhores cirurgiãs de Culiacán, atraindo clientes dos Estados Unidos e de todas as partes do mundo. Levei algum tempo para conseguir marcar uma entrevista com ela, mas, depois de conseguir um horário em sua agenda e esperar durante uma hora em sua sala de espera, fui muito bem recompensada.

— Sempre pensei que os homens dominassem as mulheres de três maneiras — ela me disse, enquanto conversávamos em seu escritório, ao lado de sua sala de operações. — Com os punhos, com dinheiro e por meio da autoestima delas. Esses homens não querem que elas se empoderem.[8]

Um procedimento básico de lipoaspiração, que remove gordura dos braços, coxas e estômago, afina a cintura e amplia os *pompis* (nádegas) custa em torno de 5 mil dólares. Os procedimentos de algumas dessas mulheres são pagos por seus maridos ou namorados, mas esses homens são cuidadosos em relação aos pagamentos.

— Eles não dão o dinheiro a elas, porque, quando as mulheres conseguem dinheiro, se forem espertas, começam a economizar e a se empoderar um pouco por meio da independência financeira. E seus homens jamais vão permitir que isso aconteça — conta a dra. Martínez Terrazas, balançando a cabeça em reprovação.

Ela não dá detalhes dos homens e mulheres que operou ao longo das últimas décadas, mas tem plena consciência de que muitos estão envolvidos com o narcotráfico.

— Mas as mulheres gostam de depender de seus homens... gostam de ter que precisar pedir dinheiro para tudo, até para um quilo de tortilhas.

Mais uma vez surgia a questão da agência feminina no que ela me disse. Essas mulheres sentem que a vida não lhes dá muitas escolhas, e fazem suas escolhas de acordo com isso. O fato de que possam existir mais opções não é o ponto aqui, pois as que contam são as opções que elas conseguem notar. Para muitas mulheres imersas na narcocultura, a ideia de se prepararem para conseguir um trabalho e independência financeira talvez não esteja no leque do que parece possível de ser alcançado. As mulheres latino-americanas não são incentivadas pelas pessoas com as quais convivem a questionar os valores e os estilos de vida tradicionais passados de geração em geração. Em vez disso, tomam decisões dentro dos parâmetros ditados pelo contexto cultural. Isso inclui a tradição de encontrar um homem que possa cuidar delas e prover tudo o que querem e precisam.

— O México ainda não foi capaz de criar oportunidades suficientes para empoderar economicamente as mulheres — disse María Teresa Guerra Ochoa, diretora da Secretaria das Mulheres de Sinaloa. — Então a rota do narcotráfico se tornou a mais curta para enriquecer, e os humanos em geral tendem a escolher a rota mais fácil para o sucesso. Tantas mulheres tomam esse caminho.

A questão não é *ser* uma narcotraficante ou uma *buchona*, mas sim parecer com uma.

— Para muitas mulheres de Sinaloa, casar-se com um narcotraficante é o objetivo de suas vidas por causa do que isso implica... o estilo de vida, as roupas, casa, carros — me disse Isaac Tomás Guevara Martínez, psicólogo social que estuda a violência no estado de

Sinaloa, numa das minhas viagens a trabalho. — Emma Coronel é o padrão ideal de corpo para muitas mulheres.[9]

Mas as coisas podem dar muito errado nessa cultura de cirurgias plásticas de Culiacán. No começo de 2022, saiu a notícia de que uma jovem chamada Leslie Paulina Ramírez García, de 26 anos, queria desesperadamente se parecer com Emma Coronel. Só que, depois da lipo, Paulina teve uma infecção. Exames constataram que seus órgãos internos foram danificados durante o procedimento, e ela morreu em 9 de março de 2022, após três semanas difíceis no hospital.[10]

— É comum haver pseudocirurgiões que fazem "operações", e essa não é a primeira vítima dessa "doutora" e de outros — afirmou a dra. Martínez Terrazas sobre o caso de Paulina, que ela acredita ser apenas "a ponta do iceberg".

É impossível saber quantas mulheres morrem assim.

A médica que fez o procedimento em Paulina – dra. Amayrani Adilene Rodríguez Pérez – não era uma cirurgiã plástica habilitada, mas sim uma clínica geral, de acordo com a promotoria pública. Operava em uma das dezenas de "clínicas" clandestinas e sem licença que surgiram "exponencialmente" nos últimos dois anos em Sinaloa, de acordo com Randy Ross, titular da Comisión Estatal para la Protección contra Riesgos Sanitarios (Comissão Estatal para a Proteção contra Riscos Sanitários), conhecida pelo seu acrônimo em espanhol Coepris. Seis meses após a morte de Ramírez García, inspetores da Coepris fecharam 24 dessas clínicas por não atenderem aos requisitos mínimos de funcionamento. Contudo, a grande maioria das clínicas como a que supostamente matou Paulina nem chegam a se registrar com as autoridades e funcionam na total clandestinidade.[11]

Eu fui até o local onde Paulina foi operada: um prédio branco e sem fachada na beira de uma estrada na periferia de Culiacán, completamente fora do radar. Não havia nenhum sinal do que acontecia atrás daquelas portas, o que Ross afirma ser uma característica comum desse tipo de clínica clandestina.

As redes sociais disseminaram a subcultura das *buchonas*, que deixou de se restringir à realeza do narcotráfico nacional. Digite Emma Coronel ou a palavra *buchona* na caixa de busca do Instagram e dezenas de contas aparecem, exibindo mulheres com corpos impossíveis, e o Facebook está lotado de "cirurgiões" disponíveis, reais ou clandestinos.

A bajulação da narcocultura representa outros riscos para as mulheres, além do "estilo" aprovado pelo narcotráfico. Claudia Ochoa Félix, talvez a assassina de aluguel mais famosa, ligada ao Cartel de Sinaloa, era adorada dentro dessa cultura, assim como Melissa "La China" Calderón. La China foi presa em 2015 e agora cumpre prisão perpétua em um centro de detenção mexicano por, supostamente, ter matado 150 pessoas a mando de Dámaso López, o ex-braço direito de El Chapo. Quando solicitei uma entrevista com La China, o governo mexicano me informou que o pedido foi rejeitado por ela. Mas, como nem sempre podemos confiar nos governos, não há como saber se isso é verdade ou não. Um perfil seu no *The Daily Beast* explica que "La China liderava um exército de assassinos, depois se rebelou e passou a aterrorizar Cabo San Lucas com um batalhão de 300 matadores. Ela poderia ter continuado assim – se seu amante não a tivesse dedurado".[12]

Mulheres assim são idolatradas em Sinaloa, sobretudo pelas gerações mais jovens. Durante uma visita à sua avó em Guasave, no noroeste de Sinaloa, Yazmín Esmeralda, de 15 anos, achou uma submetralhadora Uzi no fundo de um armário. Ela se animou e quis usá-la para o "melhor vídeo do TikTok de sua vida", de acordo com relatos da imprensa local. Posava para a câmera segurada pelo irmão mais novo quando a arma disparou, matando Yazmín na hora. A mãe contou para repórteres que encontrou Yazmín de bruços em uma poça do próprio sangue.[13]

Muitas dúvidas surgiram em minha mente quando li sobre a morte de Yazmín: por que havia uma Uzi na casa de sua avó, e por que foi deixada ao alcance das crianças? Por que ela gostaria de ser vista posando com uma arma como aquela?

— A narcocultura é inspiradora — disse Siria Gastélum, nascida e criada em Culiacán.

Gastélum dedicou a maior parte de sua carreira ao estudo das máfias e trabalha para a Iniciativa Global contra o Crime Organizado Transnacional (cujo acrônimo em inglês é GITOC, de Global Initiative Against Transnational Organized Crime).

— Bem antes de as redes sociais existirem, tínhamos os *narcocorridos*. A ideia era se mostrar, ser uma lenda. A juventude vive em busca de heróis, estrelas do rock e exemplos a serem seguidos.[14]

— O fato de [Yazmín] escolher gravar um vídeo [como aquele] mostra que nossa juventude está imersa nessa cultura — conta Sara Bruna Quiñónez Estrada, procuradora-geral de Sinaloa. — O tempo todo eles só ouvem falar disso.[15]

A universalidade desses ideais e aspirações não torna tragédias como a de Paulina e a de Yazmín mais fáceis de digerir.

## "Eles"

Quando a miniatura em gesso de El Chapo surgiu pela primeira vez na capela de Malverde em 2019, custava em torno de 750 pesos (cerca de 37 dólares). Mas, quando voltei lá por causa deste livro, em fevereiro de 2022, descobri que o preço da estátua tinha dobrado. A mulher que me vendeu uma na loja da capela explicou que não é qualquer um que pode fazer os mini-Chapos. Os produtores precisam de permissão. "Deles", disse ela.

Ela se referia a Iván Archivaldo Guzmán Salazar, Ovidio Guzmán López e Jesús Alfredo Guzmán Salazar – os filhos adultos de

El Chapo, conhecidos como Los Chapitos, ou Mini Chapos, os novos chefes de Culiacán. Depois da extradição de Chapo, eles entraram em guerra com Dámaso López, ex-braço direito do pai, uma luta sangrenta pelo controle de partes de Sinaloa, suas lucrativas plantações de droga e também seus laboratórios de metanfetamina e fentanil. Havia também Ismael "El Mayo" Zambada, uma das últimas lendas vivas da velha guarda do tráfico, que demonstrou pouca lealdade aos filhos de El Chapo quando estes levaram o uso da violência a novos patamares na tentativa de estabelecer seu controle sobre a região.

— [Los Chapitos] causam medo nas pessoas, não respeito. Essa é uma grande diferença [em relação à velha geração] — me disse um morador de Culiacán.[16]

Emma Coronel sabe como os homens de Sinaloa funcionam. Cresceu em meio a eles. Sabe que, para eles, negócios são negócios. Após a condenação de El Chapo à prisão perpétua em julho de 2019, ela sentiu que ninguém – nem seus filhos adultos, nem seu ex-parceiro de negócios de longa data, Ismael "El Mayo" Zambada, nem ninguém do que restou do círculo íntimo de Chapo – deixaria a história dela com El Chapo atrapalhar seus interesses. Ela estava ciente de que eles se questionavam sobre o que ela sabia e o que poderia oferecer aos promotores americanos interessados em derrubar quem tinha sobrado no jogo.

Esses temores só aumentaram quando a violência explodiu por todo o estado depois que El Chapo foi levado do país. Emma tinha receio de ficar no meio desse fogo cruzado, por isso quis aprender a usar uma arma, entre outras técnicas de autodefesa, para se proteger. Estava acostumada a ser muito prática quanto à sua posição e às suas dificuldades.

Lucero Sánchez, amante de El Chapo, contou a um tribunal de Nova York, em janeiro de 2019, sobre o dia em que ela e El Chapo foram acordados por uma batida policial numa noite em Culiacán, em 2014. Os amantes tiveram que fugir pelados pelos túneis do esgoto para escapar. Dizem que Emma, presente na sala de audiências durante o testemunho de Lucero, soltou uma gargalhada quando a amante de El Chapo começou a chorar.

"A alegria de Coronel só aumentou quando o microfone de lapela de Sanchez continuou ligado depois de tirarem ela de lá para um intervalo – seus soluços continuaram sendo transmitidos por toda a sala de audiências depois de ela sair", escreveram Emily Saul e Ruth Brown para o *New York Post*.[17] Meu palpite é que tentar evitar ou ignorar o fato que seu marido tinha amantes era inútil e um desperdício de energia emocional, então Emma procurava não dar importância a isso.

— Não sei se Emma amava mesmo Chapo Guzmán — me disse Mike Vigil, ex-diretor de operações internacionais do DEA no México. — Se conheceram muito pouco tempo antes de se casarem. Com ele foragido, ela tinha acesso a todo o dinheiro dele e conseguiu levar uma vida de muito luxo, se é que você me entende, sem precisar lidar tanto com El Chapo.[18]

Quando Emma e El Chapo se conheceram e se casaram, ele já tinha executado sua primeira grande fuga da prisão de segurança máxima de Puente Grande e era um fugitivo famoso. É pouco provável que ela e o chefe do tráfico alguma vez tenham dividido um teto como um casal comum. Ela estaria sob vigilância constante de agentes mexicanos e americanos para o caso de ela poder levá-los até o marido. É pouco provável que Chapo – que passava a maior parte do tempo escondido nas montanhas de Sinaloa e outras áreas remotas da região – ficasse apenas vendo o tempo passar ou olhando para o horizonte enquanto via fotos de Emma.

— Ele tinha centenas de amantes — Vigil me contou.

— Muitas mulheres [que se casam com narcotraficantes], como as jovens que se casam com velhos cheios da grana porque desejam a vida que eles podem bancar, se acostumam — me contou Bonnie

Klapper, advogada criminalista americana que representou diversas traficantes. — Elas entendem que não poderão levar uma vida normal. Mas ou escolhem não ir embora porque gostam de suas vidas ou têm medo de partir porque sabem que seus maridos narcotraficantes vão atrás delas.[19]

Não se sabe se Emma seguia a mesma política que seu marido em relação à fidelidade, mas com certeza entendia como as coisas funcionavam. O casamento era uma parceria, possivelmente com mais negócios do que prazer envolvido. Há poucas evidências de que de fato existia alguma ligação emocional entre eles, o que sugere que Emma não levava muito a sério o fato de El Chapo ser um mulherengo.

O que ela realmente levava a sério era sua própria segurança e a das filhas gêmeas. Aprender a atirar acabou se mostrando insuficiente para protegê-la do que estava por vir, e, em fevereiro de 2021, menos de dois anos depois de o marido ser condenado à prisão perpétua numa prisão americana, ela também foi detida. Quando aterrissou em Washington, D.C., foi presa por tráfico de drogas e também por ajudar El Chapo em sua segunda grande fuga de uma prisão de segurança máxima, em julho de 2015. Ele escapou de sua cela por um buraco no boxe do chuveiro, subiu em uma motocicleta montada sobre trilhos e fugiu por um túnel bem iluminado, ventilado e construído especialmente para a ocasião.

Mais para a frente, foi descoberto que Emma tinha se entregado.[20] Acabou sendo condenada a apenas três anos de prisão – uma sentença bem curta se considerarmos as acusações contra ela –, o que alimentou especulações de que ela cooperou em outros casos ligados ao seu marido. Dadas essas circunstâncias, é pouco provável que volte para Sinaloa à procura de vestígios de sua antiga vida depois que for solta.

## A busca eterna

Uma multidão de mulheres observa em silêncio a garra de uma escavadeira trabalhar sem dificuldades na areia. O buraco que a máquina cava no chão aumenta e se alarga. A pilha de areia que a garra joga de lado cresce, e por fim duas mulheres pegam uma enorme peneira, a enchem de areia e começam a peneirar como se buscassem por ouro. E estão mesmo procurando uma espécie de tesouro. Dentes, ossos, botões, presilhas de cabelo, roupas, brincos, qualquer coisa que tenha sobrado de seus entes queridos. O que talvez reste de seus filhos, filhas, maridos, irmãs, irmãos.

Surge um pequeno caroço coberto de areia quando a garra sai do buraco. O silêncio aumenta. Uma das mulheres usa uma pá para tirá-lo da garra. É um pedaço de vértebra. "*¿Dónde están? ¿Dónde están?* [Onde estão? Onde estão?]", começam a entoar algumas das mulheres, como se estivessem em uma cerimônia religiosa. O fragmento de osso é colocado ao lado do buraco. Fotos são tiradas. Ligações são feitas.

Um homem que trabalhava para o cartel ligou para María Isabel Cruz Bernal, fundadora do coletivo Las Sabuesas (algo como "as sabujas" ou "as detetives") poucos dias antes da minha visita, em fevereiro de 2022. Ele estava arrependido do trabalho sujo que tinha feito para seus chefes – matar, desmembrar e enterrar –, e achava que María e suas colegas poderiam encontrar alguma coisa, ou alguém, enterrado nas areias de El Pozo, um conhecido local de desova e zona de conflito de grupos criminosos da região.

Las Sabuesas é composto em sua maioria por mulheres à procura de seus filhos ou outros parentes desaparecidos. O filho de María, Yosimar, que era policial, foi sequestrado em sua casa em janeiro de 2017 por um grupo de homens armados e nunca mais foi visto.

— Yosimar não aparece, *el cabrón* [desgraçado] — disse María.

Ela não encontrou nenhum vestígio dele desde que começou a procurar, cinco anos atrás.[21] Enquanto conversávamos, mulheres guardavam pás e barras de metal na traseira de uma caminhonete. Enfiam as barras bem fundo no chão onde acham que corpos podem estar enterrados, então as puxam e cheiram a ponta em busca do odor pútrido de decomposição. A caminhonete que levava as mulheres e suas pás e varas de metal para diferentes locais pertence a uma comissão de busca do governo. A Comissão Estadual para Pessoas Desaparecidas fornecia a escavadeira.

Dezenas de grupos como esse fazem buscas parecidas com essa todas as semanas por todo o México, procurando pelas mais de 100 mil pessoas que desapareceram nas últimas duas décadas, muitas delas desde o início da "guerra às drogas", em 2007.[22] Mais de 21 mil desapareceram desde 2018, quando o presidente Andrés Manuel López Obrador (chamado pelas suas iniciais, AMLO, no México) assumiu o poder.[23] Sem dúvida, os membros desses grupos estão fazendo o trabalho sujo do governo, apesar de AMLO ter prometido durante a campanha que resolveria a crise de pessoas desaparecidas no México. Isso não aconteceu.

Muitas vezes as autoridades justificam sua inação nessa área desconsiderando as vítimas por serem capangas ou vigias do crime organizado. Quando alguém desaparece, a vitimização se aprofunda. Mães chegam a passar anos em busca de um fechamento – um corpo para enterrar – para poderem seguir em frente. Até lá, não se consideram de luto.

— Como seu filho se chamava? — perguntei a Mirtha Mendoza no dia seguinte às buscas, sentada na sala de sua pequena casa num subúrbio de classe média de Culiacán.

— Seu nome *é* José Manuel Macías Alfonso — ela me corrigiu com sutileza. — Porque, para mim, ele não morreu. Por isso eu digo "se chama", não "se chamava".

Mirtha me contou que, na tarde de 12 de novembro de 2017, José Manuel, de 29 anos, que todos chamavam de "Junior", estava indo com a namorada para um almoço com sua mãe quando o Uber onde estavam foi parado por uma Suburban branca. Homens armados desceram, mandaram ele sair do carro, o enfiaram na caminhonete e o levaram embora. Apavorada e em choque, a namorada correu para a casa de Mirtha e lhe contou o ocorrido.[24]

— Eu fui completamente tomada pelo medo — lembrou Mirtha. — Quando ouvi a namorada dele falar de homens armados, tinha certeza de que eles viriam atrás da gente. — Quatro ou cinco dias depois, Mirtha foi se encontrar com um rapaz da vizinhança a quem pediu ajuda para encontrar Junior. Ela não entrou em detalhes comigo sobre quem era esse rapaz ou o que fazia. Ele fez uma ligação.

— Sim, eles estão com o seu filho — falou o rapaz. — Ele apanhou muito.

Mirtha implorou para que o rapaz suplicasse para que soltassem o filho. Que dissesse que ela não queria problemas, só queria ele de volta. Mas eles não o soltaram, e, quatro anos depois, Mirtha frequenta com regularidade as buscas realizadas pelas Sabuesas, como a de El Pozo.

Eu passei horas com grupos como esse durante meus quinze anos no México, e não somente no estado de Sinaloa. Oficialmente, existem por volta de 5 mil pessoas desaparecidas em Sinaloa. María, a fundadora das Sabuesas, estima que esse número seja duas vezes maior, e que só seu grupo encontrou mais de 16 mil pedaços de "tesouro", restos humanos, desde que começaram a procurar. Desde que a guerra às drogas começou, os Institutos Médicos Legais mexicanos vivem inundados de cadáveres. É uma verdade que nos enerva e nos faz pensar. No momento em que escrevo este livro, o governo de AMLO recomendou a criação de um Centro para Identificação Humana, na esperança de ligar muitos dos corpos desconhecidos em decomposição nos necrotérios do país aos familiares e entes queridos arrasados pela dor que estão à sua procura.

Durante a entrevista com Mirtha, na casa dela, o marido chega. Ele resmunga um olá e desaparece em um dos quartos. Não quer conversar comigo e não quer falar sobre Junior. É um padrão que vejo acontecer com frequência – normalmente são as mulheres a força motriz por trás das tentativas de encontrar os desaparecidos. Mirtha explica que sua busca por Junior é uma extensão de suas tarefas domésticas. Que o marido sai para trabalhar e ganhar dinheiro, enquanto, para ela, procurar o filho é só mais uma de suas responsabilidades como mãe.

Mas María diz que a questão é mais profunda.

— Acho que nossas entranhas clamam pela parte de nós que nos foi roubada [por isso as mulheres fazem isso]. Acho que nós, mães, perdemos uma parte das nossas entranhas.

É difícil encontrar as palavras para descrever como deve ser cavar na terra à procura dos restos do bebê que você deu à luz. Só de pensar nisso, emudeço. Prefiro o torpor a sentir uma fração que seja desse horror. Eu me pego me afastando de qualquer tentativa de sentir empatia por essas mulheres por causa do medo, do terror, uma incapacidade de conceber que isso sequer possa ser real. Essas mulheres são a personificação da resiliência. Isso é viver alguns dos maiores desconfortos, dores e incertezas que a vida pode proporcionar. Essas mulheres, e milhares de outras, saem da cama para fazer isso todos os dias por todo o país. Não importa a idade que seus filhos e filhas tinham quando desapareceram ou o quanto estavam envolvidos antes de desaparecerem, para mães como María, Mirtha e suas *compañeras* a única opção é continuar procurando até encontrá-los.

E mesmo assim, apesar de estarem imersas nas profundezas da trevas, algo lindo acontece naquele dia em El Pozo. Depois de algumas horas seguindo os funcionários do governo em sua escavadeira, as mulheres fazem uma pausa. Lupita Valdez, cujo filho também foi levado por homens armados em julho de 2018, forra o chão com um cobertor. As mulheres ao seu redor tiram de suas mochilas um amontoado de potes de plástico, contendo *tinga* (frango desfiado com molho de tomate), *frijoles* (feijão), queijo branco e outros recheios. Surgem *tortillas* de supermercado embrulhadas em papel, assim como algumas garrafas de Coca-Cola. Eu as observo a alguns metros de distância, abrigada do implacável sol da tarde embaixo de uma árvore, espantando mosquinhas que estão por todo lado. As mulheres me chamam para comer, mas de repente me sinto como uma intrusa. Não quero interromper o breve período de alívio e devaneio delas. Elas tiram as máscaras, que usam tanto por causa da covid como por causa da poeira que as buscas levantam. Lupita conta uma piada, e as outras mulheres caem na risada.

— Não consigo imaginar minha vida sem o Coletivo das Sabuesas — Mirtha me diz sentada no sofá em sua casa, onde relata que dormiu por dois anos depois que Junior foi levado, na esperança de ouvir seus passos na varanda da frente. Agora, voltou a dormir em sua cama. — Eu tenho tanto a agradecer à María [Cruz, a fundadora das Sabuesas]. Se não fosse por elas, não sei quem eu seria hoje.

A menos que você seja uma, estar em meio a mães de luto é difícil, um contato me disse durante uma conversa sobre o Coletivo das Sabuesas. Mas grupos como esse reúnem mulheres que sofrem da mesma dor e dão a María, Mirtha, Lupita e milhares de outras não só esperança e uma atividade, mas também companheirismo numa jornada que pode muito bem durar pelo resto de suas vidas.

## Resistência

Naquele domingo de manhã, debaixo de um sol já escaldante, quando Tessa e eu seguramos uma arma pela primeira vez, nós e as outras duas mulheres na aula estávamos sob a tutela de Abel Jacobo Miller. A demanda de mulheres que querem aprender a manusear armas e a usar seus próprios corpos sob pressão aumentou nos últimos anos, Jacobo Miller me contou durante os dias que passei com ele. Ele está determinado a convencer mulheres comuns de Culiacán a aprender defesa pessoal.

— Vocês precisam aprender a não depender de ninguém, nem de namorado, nem de marido, para defender vocês. Vocês precisam aprender a se defender sozinhas — diz Jacobo para a sala. Ele está com uma arma nas mãos, mas aponta para a cabeça e diz: — Esta é a arma mais importante que vocês têm.[25]

No dia seguinte, do outro lado da cidade em relação ao campo de treinamento de tiro, mulheres se reuniram numa academia na periferia da cidade para aprender técnicas básicas de autodefesa. Depois do curso, que mostrou como reagir em caso de ataques físicos, conversei com algumas das mulheres presentes. Muitas tinham histórias abomináveis de violência de gênero. Maria López me contou que foi sequestrada em um restaurante em plena luz do dia por um grupo de jovens capangas do cartel. Eles a mantiveram refém por quatro dias, junto de outras amigas dela. Durante esse tempo, disse que foi estuprada repetidas vezes.

— E não só por um deles — ela diz. — Por todos eles.[26]

Depois dos primeiros dias como refém, começou a perguntar aos homens o que desejavam dela sexualmente, e como, na esperança de que parassem de espancá-la durante os estupros.

— Você precisa seguir o fluxo para sobreviver — contou.

Kathleen, uma mulher delicada, de cabelos loiros, olhos azuis e braços cobertos por tatuagens, disse que tinha sido atacada pelo namorado seis meses atrás, quando estava na casa dele, com os pais dele.

— Ele invadiu o banheiro e me deu um mata-leão. Eu fiquei em choque, tudo o que consegui fazer foi colocar minhas mãos sobre as dele. Eu estava sufocando — conta.

Ele a soltou e ela caiu no chão, e ele passou a chutar suas costelas até os pais dele o segurarem. Depois, a família dela a culpou pelo ataque, dizendo que, se ela tinha ficado na casa do namorado até tarde da noite, é porque queria problemas.[27]

Jacobo Miller mostrou para as mulheres como escapar de uma gravata e gritou:

— Você não pode achar que nunca vai esfaquear seu marido! Ele está te estrangulando! Ele está tentando te matar!

Ele e sua mulher, Ana, que tem três filhas, estão determinados a mudar a mentalidade das mulheres de Culiacán. Ana jamais vai esquecer uma tarde, agora conhecida por todos como "Quinta-Feira Negra", em que se viu presa no trânsito com suas três meninas.

— De repente vi as pessoas saindo dos carros, agarrando os filhos e fugindo — lembra. Então um rapaz usando uma máscara preta, no meio-fio, começou a dar tiros para o alto com um fuzil Barrett. — Eu fiquei histérica de tanto medo — conta.[28]

---

Naquele dia – 17 de outubro de 2019 –, uma guerra estourou no coração de Culiacán, entre o governo e os capangas do cartel, depois que o exército tentou prender o filho mais velho de El Chapo, Ovidio. O episódio foi uma demonstração clara de quem mandava na cidade e uma humilhação para o governo do presidente López Obrador.

É improvável que a luta pelo controle de Sinaloa algum dia acabe. Novas gerações vão continuar se matando pelo legado do narcotráfico. Por ora Emma Coronel deixou o palco, enquanto os filhos de El Chapo, mais ou menos da mesma idade que ela, competem pelo controle do cartel que o pai deixou para trás. As mulheres que conheci durante minhas muitas viagens para Sinaloa irão, eu sei, continuar vivendo sob as condições que a cultura das drogas dita.

Apesar de Emma continuar a ser, mesmo numa prisão americana, a mulher mais conhecida do Cartel de Sinaloa, está longe de ser a mais poderosa.

CAPÍTULO 7

# A CHAPO MULHER

A cidade de Hermosillo fica localizada no estado de Sonora, no meio de um deserto escaldante na região norte do México. Algarobas ladeiam suas tórridas estradas, lotadas de corpos queimados das corajosas cascavéis que ousaram tentar atravessar o asfalto sob o sol abrasador.

Dois irmãos – que compartilham o sobrenome Avilés Fajardo – dirigiam por uma dessas estradas no final de abril de 2017, muito provavelmente a caminho do laboratório de metanfetamina de sua mãe. Os homens, acompanhados da irmã Arlene, administravam o laboratório, parte dos negócios de drogas ilícitas da família, cuja sede ficava mais ao sul, no estado de Sinaloa.

Os irmãos, que podem ter herdado os grandes olhos castanhos, cabelos escuros e boa aparência da mãe, foram parados por alguém naquele dia na estrada. Seja lá quem foi que fez eles pararem, é provável que tenha usado o poder persuasivo de armas de grosso calibre. A identidade dos agressores permanece desconhecida, mas Luz Irene Fajardo Campos, mãe deles, tem suas suspeitas quanto ao motivo do que veio depois e quem estava por trás daquilo.

Depois que os irmãos foram parados, ou "sequestrados", de acordo com documentos oficiais, ordenaram que saíssem do carro. Então eles foram torturados, possivelmente não na beira da estrada, onde todos poderiam vê-los. Os detalhes do ataque não são de conhecimento público. Talvez não precisemos saber. Os detalhes podem ser mais do que a mãe, que já precisa carregar o peso de perder dois de seus filhos, poderia aguentar.

Depois que os torturaram, os agressores colocaram os irmãos de volta na caminhonete parada na beira da estrada e atearam fogo nela enquanto os dois ainda estavam vivos. Mas eles não pararam por aí. Quando os corpos carbonizados foram encontrados, estavam decapitados, o que, é claro, tornou a tarefa de identificá-los mais complicada.[1]

---

A mãe dos garotos foi descrita certa vez no tribunal como o equivalente feminino de Joaquín "El Chapo" Guzmán. Como o "rosto feminino" do Cartel de Sinaloa.[2] Quando os filhos de Luz foram parados naquela estrada sob o sol abrasador, promotores mais ao norte, nos Estados Unidos, se preparavam em Nova York para o início do julgamento de El Chapo, talvez o caso mais importante em muito tempo envolvendo o crime organizado.

Mesmo assim, apesar da prisão de El Chapo, os negócios continuaram prosperando para o Cartel de Sinaloa, e Luz e a organização de sua família continuaram traficando drogas e se aproveitando dos espólios, graças à "relação de afiliação" com a organização de El Chapo, de acordo com um ex-comparsa dela. Ao que parece, antes de El Chapo ser preso, os dois se falavam com frequência pelo telefone. Eles não sabiam, mas os investigadores tinham acesso aos telefones e às mensagens de Luz através de grampos telefônicos desde 2013. Porém, nenhuma de suas supostas conversas com El Chapo foi usada como evidência contra ela.

O caso de Luz é cheio de nuances. Das limitadas informações que seu caso oferece, surge uma mulher complexa. Ela era uma mulher independente que, segundo sugerem as evidências, comandava negócios ilícitos com a ajuda dos filhos. Só que sua organização não utilizava as mesmas táticas violentas que a de Guzmán. Durante seus anos no narcotráfico, Luz não só foi uma *patrona* poderosa e bem-sucedida, mas também uma pessoa bondosa e amável, que muitas vezes compartilhava fotos da família com seus parceiros de negócios.

Após o assassinato de seus filhos, Luz recebeu uma pena bem pesada – do mesmo governo que ela culpa pela morte deles.[3]

---

Dias antes de seus filhos serem presos, Luz, que tinha 53 anos na época, estava na Colômbia. Mais tarde, contou ao tribunal que tinha sido enviada para lá para tirar "fotos de algumas pessoas" a pedido de um comparsa. Luz lembra que ficou lá poucos dias e teve algumas reuniões antes de voltar para casa. Mas naquele dia, no começo de abril, seu motorista "se perdeu várias vezes" a caminho do aeroporto, o que fez com que ela perdesse seu voo de Bogotá para o México. Foi quando começou a suspeitar que as coisas poderiam dar errado.[4]

Quando finalmente chegou ao aeroporto, Luz foi parada pela imigração antes de embarcar. Ela lembra que começou a ficar nervosa e que seu estômago começou a se revirar, então correu para o banheiro e vomitou. Depois de algumas horas de espera, foi levada até uma sala para se encontrar com um promotor colombiano. Luz conta que disse ao promotor que precisava falar com alguém do DEA, e ele permitiu.

— Você precisa sair [da Colômbia] o mais rápido possível. Negocie com o DEA — disse o promotor colombiano.

Ele parecia querer ajudá-la, mas Luz não tinha certeza disso.

Mas ela não sairia dali por um bom tempo. Nos meses seguintes, Luz foi mantida sob custódia na Colômbia e foi a diversas reuniões.

— Foram cerca de 37 horas de conversas com a promotoria num período de seis ou sete meses, durante as quais nunca me foi permitido falar — lembra. — Só os agentes do DEA falavam. Sempre.

Luz tinha muitas coisas para dizer aos agentes, que àquela altura já tinham acesso às mensagens no BlackBerry que ela usava havia anos para comandar os negócios fora do México. Mas sua maior preocupação durante aquelas reuniões não era sua possível prisão. Era a segurança de sua família.

— Eu implorei e avisei sobre os perigos que isso envolvia — contou ao juiz John D. Bates na audiência que antecedeu a leitura de sua pena em Washington, D.C., anos mais tarde. Até onde Luz sabe, foram sua detenção e aquelas reuniões a portas fechadas em Bogotá que levaram ao assassinato de seus dois filhos.

Luz acredita que sua prisão e informações sobre suas conversas com agentes do DEA, quando foi detida na Colômbia, foram vazadas para seus comparsas e rivais no México. Eles então foram atrás de seus filhos para acabar com os negócios dela, e também para que ela ficasse quieta e desistisse de cooperar com os promotores americanos. Naquela altura, as rédeas do Cartel de Sinaloa já estavam nas mãos de outros líderes após a condenação de El Chapo. Sobretudo nas mãos dos três filhos de Guzmán, Los Chapitos. Eles têm a fama de serem *millennials* violentos e arrogantes. As pessoas têm medo deles, mas não os respeitam como respeitavam o pai.

Luz sabia que seus filhos estavam correndo perigo assim que foi detida, mas seus apelos para que o DEA tomasse as devidas precauções foram em vão.

— Acho que se você perguntar a ela o que os Estados Unidos fazem com as pessoas que vão para a prisão e com os estrangeiros que são extraditados — seu advogado, Robert Feitel, disse ao juiz —, ela vai responder que eles matam seus filhos.[5]

---

A família era importante para Luz. Ela nasceu e foi criada próximo da pitoresca cidadezinha de Cosalá, em Sinaloa, que abriga mais ou menos 7 mil pessoas. Ali, as famílias passam suas propriedades e terras de geração em geração. Todo mundo conhece todo mundo. Como seus muitos irmãos e irmãs, ela cresceu numa comunidade cercada há muito tempo por plantações de drogas. Cosalá fica numa parte do México conhecida como o Triângulo Dourado, onde a papoula-dormideira e a maconha são cultivadas em lotes clandestinos nas montanhas por comunidades agrícolas humildes há décadas. Luz conhecia e entendia o narcotráfico e sabia que o Cartel de Sinaloa era o poder *de facto*, e não o governo de Sinaloa, além de ser um comprador da pasta de papoula-dormideira e de maconha de vários fazendeiros.

Os relatos sobre a juventude de Luz são ambíguos. Ela é formada em Direito, o que sugere que frequentou a universidade e que tinha a intenção de exercer essa profissão. Para estudar, Luz provavelmente teve que trocar as cidadezinhas ao redor de Cosalá por centros maiores, como Culiacán, ou até pela capital, a Cidade do México. Mas sua vida pregressa não foi fácil. As comunidades rurais do México muitas vezes são formadas por grandes famílias que vivem em situação de pobreza extrema. Abuso de álcool e violência doméstica são comuns. De acordo com documentos legais, ela foi criada pelos avós maternos e cresceu "pobre". Não se sabe por que ela não foi criada pelos pais, mas é possível que tivesse a sensação de ter sido abandonada, por ter sido deixada com os avós.

Quando chegou à adolescência, Luz já estava familiarizada com a cultura machista rural que a cercava. Ela foi sequestrada e estuprada por um grupo de homens antes de completar 18 anos, de acordo com relatórios enviados ao tribunal durante seu julgamento. Não existem mais detalhes sobre esse incidente, mas a experiência foi "certamente um evento terrível e significativo", afirmou o juiz

Bates antes de sentenciá-la, apontando seus efeitos negativos sobre a saúde mental de Luz desde muito cedo.

As coisas não melhoraram muito depois disso. Na época em que foi atacada, os avós arranjaram um casamento forçado para a neta com um homem que "abusava física e sexualmente dela e que mais tarde, ao que tudo indica, fez algo ainda pior com um de seus filhos, até que a ré o deixou e ficou sozinha com seus filhos".[6]

É provável que passar por essas duas experiências tão nova tenha tido um grande impacto no modo como Luz enxerga o mundo e os homens ao seu redor. Mesmo o juiz disse que ambos os incidentes podem tê-la empurrado para o mundo do narcotráfico, sobretudo após ter deixado seu marido abusivo e se ver sozinha com bocas para alimentar. Não se sabe ao certo quanto filhos ela tem, mas são ao menos quatro, incluindo os três filhos e a filha que trabalham com ela.

Quando precisou sustentar a família sozinha, Luz conhecia muito bem suas vulnerabilidades enquanto mulher. Eu me pergunto se a ideia de estar à mercê de outro homem poderoso para conseguir apoio financeiro simplesmente não a agradava. Todas as parcerias têm seus custos, e o casamento não é diferente. Ela provavelmente não teve mais estômago para fazer mais sacrifícios nesse campo, e, tirando seus filhos, não existem outros familiares homens presentes nas evidências usadas contra ela no tribunal.

Quando Luz começou a traficar, em 2010, os únicos homens em quem confiava como parceiros de negócios eram seus filhos. Tal qual El Chapo e seus filhos. Depois da extradição do pai deles em 2017, uma violenta luta por poder entre diferentes facções do Cartel de Sinaloa eclodiu em Sinaloa, a mais famosa entre Los Chapitos (Iván, Ovidio e Jesús, filhos de El Chapo e ainda soltos hoje em dia) e Dámaso Lopez, também conhecido como "El Licenciado", ex-confidente e braço direito de Guzmán. López, um ex-diretor de prisão, ajudou El Chapo a realizar sua primeira grande fuga de uma prisão de segurança máxima em 2001. Mas depois que El Chapo foi enviado para os Estados Unidos, a relação entre López e Los Chapitos azedou.

López supostamente tentou matar Iván e Jesús em fevereiro de 2017 durante uma emboscada numa estrada em Sinaloa, poucas semanas depois da extradição do pai. Os dois se feriram, mas sobreviveram ao ataque, e a emboscada desencadeou uma guerra violenta entre os dois lados. López só sobreviveu porque foi detido e ficou preso na Cidade do México. O governo mexicano, em colaboração com autoridades americanas, fez um grande favor a Los Chapitos. A extradição de "El Licenciado" para os Estados Unidos em julho de 2018 deixou Los Chapitos seguros de que ele era carta fora do baralho e reforçou o controle dos irmãos sobre Culiacán. Desafios vêm e vão, e os irmãos seguiram a vida após firmarem um frágil acordo de paz com o ex-comparsa de seu pai e cofundador do Cartel de Sinaloa, Ismael "El Mayo" Zambada, além de outros rivais.

E não são só seus rivais no mundo do crime que estão à caça dos irmãos.

Em 17 de outubro de 2019, uma tentativa do governo mexicano de prender Ovidio em Culiacán deu terrivelmente errado.[7] Ovidio ficou sob a custódia de militares mexicanos por algum tempo, o que fez com que milhares de capangas do Cartel de Sinaloa tomassem as ruas, dando início a uma miniguerra civil na cidade. Vídeos que circularam nas redes sociais mostram jovens circulando pelas ruas na traseira de caminhonetes montadas com fuzis Barrett calibre .50, atirando em tropas do governo nas principais ruas da cidade em plena luz do dia. O governo, então, foi forçado a soltar Ovidio após suas tropas serem superadas em número e poder de fogo, uma grande humilhação para o governo do presidente Andrés Manuel López Obrador. Nunca mais ele tentou realizar uma prisão desse porte. Três anos depois, em 5 de janeiro de 2023, Ovídio foi preso novamente. Desta vez movido diretamente para uma prisão de segurança máxima na Cidade do México.

O governo americano oferece 5 milhões de dólares como recompensa pela cabeça de cada um dos três irmãos, agora na faixa dos 30 e 40 anos. Processos criminais contra chefes do tráfico como Los Chapitos estão sendo construídos na esperança de que um dia eles sejam levados sob custódia, e colaboradores como Luz podem servir como testemunhas-chave para elucidar o *modus operandi* do império criminoso dos três. Talvez tenha sido por isso que seus filhos foram mortos. Assassiná-los foi um aviso para que ela ficasse de boca fechada. Se essa era ou não a imagem que queriam passar, não se sabe, mas foi a mensagem que ela entendeu.

Luz se declarou inocente, se recusou a cooperar e foi para julgamento. Durante qualquer julgamento, os detalhes de um caso ficam públicos, e não há como negociar uma pena menor a portas fechadas. Mas sua atitude mandou uma mensagem bem clara para seus ex-comparsas: a de que tinha ficado de boca fechada. Hoje, seus pais e outros membros da família continuam vivendo em Sinaloa, onde poderiam se tornar alvos do cartel, assim como seus filhos.

— Quem é que tem dois de seus filhos sequestrados e mortos e faz alguma coisa que possa colocar o resto de sua família em risco? Ninguém faz isso — me disse Feitel, advogado de Luz.

Quase nada acontece em Culiacán sem o conhecimento dos seus chefões do crime. Tenho certeza de que minhas investigações na cidade não passaram despercebidas. Quando comecei a pesquisar sobre as *patronas* do Cartel de Sinaloa, conversei longamente com vários jornalistas da região na esperança de compreender melhor as vidas particulares e as histórias dessas mulheres. Depois de uma primeira conversa, nenhum deles deu prosseguimento ou quis se envolver com meu projeto. Eu compreendo – por que colocar suas cabeças a prêmio? No México, ninguém jamais irá esquecer o assassinato de Javier Valdez, o narcocronista mais famoso do país, que durante anos escreveu sobre o panorama do tráfico de drogas em Sinaloa e também foi o autor de dramas no melhor estilo novelesco televisivo para o jornal semanal *Ríodoce*, que ele ajudou a fundar.

Valdez era o mais célebre entre as dezenas de jornalistas que foram executados nos últimos anos no México por forças políticas e criminosas.[8] Cinco anos depois, não é surpresa nenhuma que repórteres menos conhecidos não queiram se aprofundar no passado criminoso de figurões do Cartel de Sinaloa, sejam eles homens ou mulheres. O trabalho investigativo necessário para saber mais sobre as mulheres, que estão muito mais escondidas do que os homens nas fileiras do crime organizado, é muito perigoso para os jornalistas mexicanos. Quando mencionei os nomes de Luz e Guadalupe Fernández Valencia, muitos repórteres nunca sequer tinham ouvido falar delas. Eram completas desconhecidas. Acho que existem dois motivos para isso: o primeiro é que investigar o que está acontecendo em Sinaloa é extremamente difícil. O segundo é a falta de interesse da comunidade jornalística por mulheres traficantes. À medida que avançava na minha investigação em Sinaloa, muito do trabalho sobre a história de Luz eu fiz sozinha.

O pai de Luz, Ignacio Fajardo Arroyo, é citado nos documentos legais do caso. Nas minhas pesquisas, descobri que ele já tinha sido presidente municipal e, após muito procurar, consegui encontrá-lo por meio das redes sociais. Depois de muitas conversas esquisitas pelo telefone e estranhas trocas de mensagem pelo WhatsApp, ele concordou em me encontrar em Culiacán, Sinaloa, em maio de 2021. Foi uma das entrevistas mais estranhas que já fiz na minha carreira. Aliás, dizer que foi uma entrevista não parece muito preciso.

Ignacio – ou Nacho, como é conhecido por lá – me mandou encontrá-lo no pequeno escritório que ele possui num prédio público agrícola. Já octogenário, ele tinha os cabelos ainda abundantes penteados para trás com gel, grudados na sua grande cabeça redonda. Quando nos encontramos, seus olhos lacrimejantes me olharam cheios de desconfiança. Ele chegou carregado de mapas e documentos legais. Parecia pronto para defender um caso no tribunal, e passou a maior parte da nossa conversa me contando sobre uma disputa de terra em que estava envolvido perto de Cosalá, onde, supostamente, alguém estaria roubando sua água. Pouco parecia importar que o tópico de nossas conversas até ali e o motivo para meu pedido de entrevista fossem exclusivamente sua filha, assim como o fato de que, enquanto conversávamos, ela estava nos Estados Unidos presa e condenada por tráfico de drogas.[9]

Nacho parecia meio atrapalhado, meio confuso. Mas quando eu estava ali, sentada com ele naquele velho prédio público em uma tarde quente em Sinaloa, sabia que aquilo era o mais próximo que chegaria da filha dele. Via as semelhanças físicas – olhos bem separados, pele grossa, boca larga. Ele confirmou o sequestro e a tortura dos filhos dela e me contou que a filha era formada em Direito. Aquilo me surpreendeu, porque significava que Luz talvez tivesse outras opções além de entrar para o narcotráfico. Nacho não falou muito sobre a infância de Luz, provavelmente porque não estava muito presente. E ele com certeza não era um dos poucos homens de confiança que Luz trouxe para trabalhar com ela.

---

Em contrapartida, ela parecia ter uma relação bem próxima com El Chapo. Mas por mais que Luz tenha sido chamada de a El Chapo mulher nos autos do processo, as evidências mostram que seus métodos eram bem diferentes dos de seu equivalente masculino.

Em dezembro de 2014, um e-mail oferecendo 100 mil dólares por uma semana pilotando um Gulfstream III em uma missão não especificada chegou à caixa de entrada de Rupert De Las Casas. O velho piloto costumava receber 1.500 dólares por dia de trabalho a partir de sua base na Flórida, mas estava passando por dificuldades após ser demitido do último trabalho por causa de problemas com o vício. A oferta, muito acima do normal e em um período em que estava difícil encontrar trabalho, era tentadora.

O e-mail dizia: "Nosso cliente é uma pessoa muito importante e quer total discrição, SEM perguntas". Isso não o fez desistir. Mas ele tampouco acreditava que aquela oferta envolvesse qualquer coisa legal.

— De início achei que íamos contrabandear armas ou algo assim, mas depois, quando descobri que iríamos para a Venezuela, percebi que talvez fôssemos contrabandear drogas — contou De Las Casas a um júri em Washington, D.C., em dezembro de 2019, cinco anos depois.[10]

E assim ele se viu decolando o Gulfstream da Cidade do México, contornando Cancún e apontando o nariz para o sul em direção à Venezuela, um importante ponto de conexão na rota da cocaína.

— Assim que saímos do espaço aéreo mexicano, desligamos todas as luzes, todos os repetidores de radiofrequência e quase todas as luzes dentro da cabine também. Silêncio total. Total — disse De Las Casas.

Ele tinha sido contratado para fazer aquele voo por Luz e sua organização, alegam os promotores do caso. Era dela o avião que ele pilotou - um dos muitos que ela tinha - e que viria a ser destruído na selva venezuelana. Aquele voo às escuras terminou com um pouso em uma pista clandestina que não estava preparada para aguentar o peso do jato, e, quando ele conseguiu pousar o avião no breu da madrugada, o lado esquerdo tinha afundado na terra, e o avião parou em um ângulo de 45 graus. De Las Casas e sua tripulação de três homens desligaram os motores e correram para a selva com medo de serem descobertos. E o avião foi mesmo descoberto pelo Exército venezuelano. Pouco depois de pousarem, os militares sobrevoaram os destroços do Gulfstream III e o explodiram, de acordo com De Las Casas.

Em resumo, o velho piloto causou uma grande confusão. Assim como um cara chamado Mario Grado-Field.

— Olha aqui, seu desgraçado — ele falou pelo celular para o irmão Luis Carlos Torres de Tucson, Arizona, em agosto de 2012. — Não posso sair por aí com drogas desse jeito.

— Meu garoto, você só vai entregá-las — Torres, do México, tentou apaziguá-lo. Torres, que também trabalhava para Luz, tinha enviado as drogas para Grado-Field sem formalizar nenhum acordo entre eles, alegou Grado-Field durante seu testemunho no julgamento de Luz. Quando entregaram a ele uma sacola de compras num lava-rápido em Tucson, encontrou dentro um monte de metanfetaminas. Ele era mexicano, mas já morava nos Estados Unidos havia cerca de trinta anos e tinha filhos e netos lá. Ele disse que não queria se meter em problemas.

Mas ele concordou em entregar a metanfetamina algumas semanas depois, e foi aí que ele foi pego pelo DEA. Em seguida, mentiu para o irmão no México, dizendo que ficou com medo e por isso se livrou do carro e fugiu. Disse que o carro tinha sido dado como roubado e que as drogas foram levadas antes que ele pudesse recuperá-las. Na verdade, Grado-Field tinha decidido cooperar com o DEA e estava tentando agradar os dois lados.

— Vou passar seu número para a senhora [Luz] para ela te ligar e você explicar tudo para ela — Torres disse para Grado-Field sobre as drogas perdidas.

Mas, quando Luz conversou com os dois sobre o fiasco, não os ameaçou com violência. Transcrições das conversas mostram uma mulher de negócios calma e comedida. E é aí que está o problema para mim: como ela conseguiu absorver um golpe dessa proporção *sem* enviar capangas? O tipo de capanga que matou seus filhos. O tipo de capanga capaz de enviar o recado de que uma mulher nesse ramo precisava ser levada a sério. Mas ela sabia como as coisas funcionavam - ela nunca ia a lugar nenhum sem seu guarda-costas.

É possível que Luz tenha terceirizado o uso de força bruta para o Cartel de Sinaloa. Um ex-comparsa seu contou para o DEA que certa vez estava com Luz quando ela ligou para Joaquín "El Chapo" Guzmán para bater um papo e depois passou o telefone para ele.

— O senhor diria que a senhora Fajardo era mais ou menos o rosto, o rosto feminino do Cartel de Sinaloa, é isso mesmo, de acordo com o seu testemunho? — perguntou o advogado de Luz, Feitel, no tribunal para a testemunha Juan Erbe Favela.[11]

— Sim, ela era — ele respondeu. — Ela estava com El Chapo do outro lado da linha, passou o telefone para mim e falou que era ele.

Ter acesso direto ao *jefe de los jefes* é um privilégio reservado aos traficantes do alto escalão. É possível que Luz fosse tão próxima do chefe que ligava direto para ele quando as coisas davam errado. Mas não existe mais nenhuma menção a El Chapo nos autos do seu processo. A testemunha que fez essa afirmação - Erbe Favela - trabalhou como informante do DEA por nove anos e recebeu mais de 287 mil dólares como compensação. Erbe Favela vinha se encontrando com Luz fingindo ser um funcionário da advocacia-geral que a ajudaria a subornar as autoridades certas para que suas cargas de cocaína passassem sem problemas pelo aeroporto da Cidade do México. E tudo que ele ouvia ele reportava para o DEA.

Mas, como o advogado de Luz ressaltou durante o julgamento de sua cliente, Erbe Favela era ele mesmo um ex-traficante que tinha virado informante e que já tinha passado informações falsas para o DEA antes. Nenhuma de suas dicas resultou na apreensão de drogas ou matéria-prima de propriedade de Luz. O homem ganhava a vida vendendo informações para o DEA e obteve um lucro considerável vendendo informações sobre Luz para a agência. Por isso é difícil saber se seu testemunho é ou não confiável.

O que é um problema em muitos dos casos contra traficantes. Os promotores muitas vezes dependem dos testemunhos dos cúmplices dos acusados. Vemos isso com frequência no sistema judiciário americano. Muitos dos testemunhos contra El Chapo em seu famoso julgamento em Nova York eram ex-comparsas, muitos deles bastante suspeitos.

Após examinar muitos casos de seus clientes traficantes, Feital, o advogado criminalista de Luz, perguntou durante seu julgamento:

— O júri está preparado para acreditar no testemunho de narcotraficantes condenados, que buscam reduzir suas condenações em troca de cooperação? Assim como serem muito bem pagos pelo seu tempo?

Nesse caso, o júri considerou Luz culpada. O depoimento das testemunhas, combinado com as evidências governamentais – como transcrições de conversas contidas em seu BlackBerry e apreensões de quilos de cocaína com o nome JENCA (o suposto apelido de Luz) estampado nos pacotes –, bastou para os jurados como prova de sua participação nos negócios. Ela foi condenada a vinte e dois anos de prisão em julho de 2021.

— Traficantes como Fajardo Campos são o câncer de nossa sociedade. Ela ganhou milhões de dólares injetando milhares de toneladas de veneno em comunidades americanas, ao mesmo tempo que alimentava a violência e a criminalidade em todo o país. Hoje, a justiça foi feita — disse Cheri Oz, da Divisão de Campo do DEA em Phoenix, quando Luz foi condenada.

A leitura de Feital foi diferente.

— Luz se sacrificou indo a julgamento por causa do que aconteceu com seus filhos — ele comentou comigo após a condenação. — Foi como uma tragédia grega.

CONCLUSÃO

# A HISTÓRIA NUNCA ACABA

Não tenho dúvida de que existem dezenas de outras mulheres parecidas com as que escolhi focar neste livro. Marllory, Digna, Sebastiana, Luz, Guadalupe, Yaneth, Emma e Marixa são todas mulheres que ganharam alguma visibilidade na esfera pública, seja por causa da cobertura do seu comportamento pela mídia, seja por causa dos documentos relacionados aos seus processos nos Estados Unidos. Essas informações me permitiram construir uma narrativa e um nível de compreensão reconhecidamente modesto sobre o envolvimento delas em várias empreitadas criminosas. Depois que fiz o trabalho de campo para este livro no México e na América Central, casos de mulheres envolvidas com o narcotráfico continuaram a surgir. Apesar de nunca ter ouvido muitos dos nomes antes, elas estavam ligadas a organizações conhecidas.

## Yuli

Cerca de um ano depois que estive em La Reforma, Guatemala, recolhendo informações sobre Marllory, Sebastiana, Yaneth e a máfia dos Lorenzanas, aquela parte do mundo ganhou as manchetes dos jornais. Em abril de 2021, as autoridades realizaram uma prisão de peso na pequena cidade de Usumatlán, a trinta minutos de onde realizei minhas pesquisas. Marta Julia Lorenzana-Cordon foi colocada sob custódia a mando do governo americano. Marta Julia, ou Yuli, como é mais conhecida (Yulia é como se pronuncia Julia em espanhol), é irmã de Eliu e Waldemar e filha de Waldemar Lorenzana Lima (Waldemar Pai). Era deles a máfia do narcotráfico que descrevi no Capítulo 3 e que trabalhava com Marllory, Sebastiana e Yaneth.

Fotos de Yuli momentos após sua prisão, em maio de 2021, a mostram sentada em um carro da polícia, sorrindo, vestindo camisas azul e branca sobrepostas enquanto segura uma garrafa de água com suas longas unhas brancas. Ela parecia bem relaxada para alguém que acabava de ser presa, e algumas fotos a mostram de pé ao lado do carro da polícia com as mãos na cintura, conversando. Mas a linguagem usada na denúncia contra ela, que só foi revelada seis meses após sua prisão, era extraordinária. Yuli supostamente "tinha um papel-chave, de liderança, na conspiração [para traficar drogas]", de acordo com a folha de acusação, que afirmava também que o governo americano "possui evidências que implicam pessoalmente a ré em atos de violência, incluindo assassinato".[1]

Yuli foi uma líder violenta de uma organização criminosa que já esteve entre as mais sofisticadas e poderosas do mundo, de acordo com os investigadores.[2] Fiquei espantada e um pouco horrorizada com o fato de que, depois de investigar as mulheres do narcotráfico na Guatemala, poderia ter deixado passar uma peça-chave na engrenagem feminina do tráfico. Fiquei mais tranquila quando soube que minha colega Julie López sentiu o mesmo. Ela trabalhou comigo nas pesquisas para o Capítulo 3 e cobriu por muito tempo o clã Lorenzana. Como que não vimos a evolução criminosa de Yuli? Seria ela uma toda-poderosa secreta?

E, sim, era isso mesmo.

Eu soube de pessoas próximas a Yuli que ela conseguia ficar fora do radar porque suas conexões dentro do tráfico eram diferentes das dos seus irmãos e do seu pai. Seus fornecedores na região eram outros, por isso seu nome não apareceu no conjunto de provas que os promotores reuniram contra seus familiares homens. Reunir provas para indiciá-la demorou mais tempo do que para formalizar uma acusação contra seus familiares homens. Isso explica por que seu nome não estava presente nas transcrições e documentos dos casos do pai e dos irmãos, que foram condenados antes mesmo de ela sequer ser indiciada. Pelo que me disseram, a família Cordon-Lorenzana era bastante disfuncional e dividida, e Yuli era muito mais nova que os irmãos.[3]

O indiciamento de Yuli revelou que suas redes dentro do tráfico eram conectadas com as de outro homem, seu marido, o notório e temido traficante Jairo Estuardo Orellana Morales. Também conhecido como "El Pelon" ou "Careca", por causa de sua cabeça raspada, ele entrou para o narcotráfico trabalhando como atirador para a família de Yuli, assim como para outros grupos criminosos na região. É provável que o casal tenha se conhecido quando ele trabalhava para a família dela. Então, por volta de 2008, Orellana Morales supostamente se tornou o operador na Guatemala do violento cartel mexicano Zetas. Isso sugere que àquela altura ele provavelmente rompeu seus laços com a família de Yuli, ao menos no âmbito profissional, já que os Lorenzanas trabalhavam com o Cartel de Sinaloa, rivais dos hiperviolentos Zetas.

Orellana Morales foi preso em Zacapa em maio de 2014, a mando do DEA, após um tiroteio entre autoridades guatemaltecas e homens armados leais a ele. Com o avanço das investigações sobre Orellana Morales, sua esposa, Yuli, foi ficando cada vez mais em evidência. Eles compartilhavam muitos contatos no narcotráfico, como apontam pessoas familiarizadas com seu inquérito. Uma pilha de provas contra ela começou a se formar. Orellana Morales foi extraditado para os Estados Unidos pouco mais de um ano depois de sua prisão. Não se teve mais notícias de seu caso, que corre em segredo de justiça. É razoável especular que, nos mais de seis anos em que está à disposição da justiça americana, ele possa ter ajudado o governo a conseguir mais provas contra Yuli.

Tudo isso para dizer que Orellana Morales levou os gringos até sua esposa, e não o contrário.

## Herlinda

Mais ao sudoeste de onde Yuli foi presa, na costa de Honduras, outra matriarca do tráfico surgia enquanto eu terminava este livro. Herlinda Bobadilla, de 62 anos, foi detida em maio de 2022. Fotos suas publicadas por agências de notícias não faziam muito sentido. Eram de uma senhora de estatura baixa, pouco ameaçadora, com uma camiseta barata com estampa florida, mas acompanhada por policiais da Guarda Nacional vestidos de preto e fortemente armados. Seus pulsos estavam amarrados e o rosto coberto por uma máscara enquanto era exibida para a imprensa hondurenha.

Duas semanas antes de sua prisão, o governo americano tinha oferecido uma recompensa de 5 milhões de dólares para quem ajudasse a capturá-la. De acordo com promotores, ela controlava a rota de tráfico Montes, que operava a partir da base de sua família no departamento de Colón, e usava sua frota de aviões, caminhões e barcos para levar a cocaína dos seus parceiros na Colômbia pelo litoral.

A base de Herlinda ficava no nordeste de Honduras, e sua organização trabalhava "em proximidade" com a de Digna Valle e seu clã (tema do Capítulo 1) como parte da rodovia da cocaína que levava drogas da América do Sul através do México até os Estados Unidos.[4] Por isso, é provável que essa cocaína passasse pelas mãos da máfia de Yuli na Guatemala, alguns membros homens da qual trabalhavam com duas de nossas protagonistas, Marllory Chacón e Sebastiana Cottón. Por fim, a cocaína chegava ao México, onde

Guadalupe Fernández Valencia e Luz Irene Fajardo Campos já foram rainhas.

Um dos dois filhos homens de Herlinda, Tito Montes Bobadilla, foi morto na operação policial que resultou em sua prisão. De acordo com as autoridades, ele foi atingido depois de atirar na polícia, num confronto que se seguiu ao início da operação para prender Herlinda. Seu outro filho, Juan Carlos Montes Bobadilla, continua foragido.

Notícias que vieram à tona após a prisão de Herlinda revelaram mais detalhes sobre sua vida. Chamada para ajudar a gerir o clã Montes depois que seu patriarca, García Montes, foi morto na Colômbia em 2004, ela tinha seis filhos com o marido – Alejandro Montes Alvarenga –, três deles também envolvidos nos negócios. Quanto mais filhos eram mortos ou capturados, mais ela assumia o controle dos negócios da família. Quando foi presa, de acordo com as autoridades hondurenhas, era dona de dezenas de propriedades nos entornos do seu feudo em Colón.[5]

## Um mundo de cabeça para baixo

Tanto Yuli quanto Herlinda permaneceram invisíveis até o momento de suas prisões e indiciamentos. Sem esses documentos, mulheres tendem a ser mais invisíveis do que os homens na guerra às drogas. O mundo do tráfico de drogas não é como descobrir novos músicos ou artistas: não dá para simplesmente sair perguntando o que uma pessoa faz e conviver um pouco com ela para entender como as coisas são. Fazer isso é colocar a própria vida em risco.

Até agora, tratamos da visibilidade, ou invisibilidade, dessas mulheres aos olhos da mídia ou nos autos dos processos, ambas muito influenciadas pelo olhar masculino. As autoridades policiais e a mídia são em grande parte responsáveis por quem nós vemos ou de quem ouvimos falar nesse universo, e nenhum deles é um observador imparcial. Quem é indiciado? Quem é investigado? Quem é considerado a maior ameaça? Todos esses julgamentos são decisivos para a escolha de quem merece mais cobertura e discussão. Quando se acredita que as mulheres apenas vivem nas sombras dos homens e não passam de peões nesse xadrez, então não vale a pena investigá-las. Mas a história dessas *patronas* não condiz com a ideia de que o papel da mulher dentro do crime organizado seja ínfimo.

A maioria das mulheres poderosas que descrevi neste livro, com exceção talvez de Marllory Chacón na Guatemala, procurava não chamar muita atenção ou eram completas desconhecidas antes de serem presas. O que nos faz perguntar: quantas outras como elas existem por aí?

Minha percepção sobre o submundo do crime mudou completamente. Se antes eu o enxergava como um mundo dominado pelos homens, essa visão se mostra cada vez menos verdadeira à medida que descubro mulheres presentes em todos os níveis dentro da estrutura do narcotráfico. Agora, coloco em xeque as coisas que já conhecemos sobre o crime organizado e como ele funciona. Quanto de fato podemos compreender sobre o processo de tomada de decisões e as dinâmicas nas entranhas dessas organizações sem entender em detalhes os papéis das mulheres? Seus papéis não podem ser postos de lado ou ser simplificados demais. Assim como as mulheres no mundo lícito e legal cada vez mais assumem posições de destaque e ganham visibilidade, é natural que isso se reflita no submundo do crime. E, no caso das mulheres neste livro, elas estão todas conectadas: pela geografia, pelas organizações criminosas e pelos interesses em comum nos negócios.

Marixa Lemus era uma violenta força motriz que atuava na fronteira entre a Guatemala e El Salvador, pronta para fazer o que fosse preciso para derrotar seus inimigos políticos.

Digna Valle, agora já na casa dos 60 anos, ajudou a desmantelar seu próprio clã e, talvez, até mesmo um ex-presidente.

Luz Irene Fajardo Campos, ao lado de seus filhos, traficou cocaína da Colômbia e metanfetamina do México, e o fez sem um homem ao seu lado e sem recorrer à violência.

Sebastiana Cottón apavorou os que trabalhavam com ela e lutou contra homens rivais violentíssimos.

Marllory Chacón usou sua inteligência, aparência e conhecimento para construir um império descrito pelo governo americano como uma das redes de tráfico de droga mais prolíficas da América Central.

Yaneth Vergara Hernández teve uma carreira criminosa que atravessou diferentes gerações tanto na Colômbia quanto no México. Ela trabalhou com a mais famosa traficante colombiana, Griselda Blanco, e também com Sebastiana Cottón e Marllory Chacón.

E Guadalupe Fernández Valencia trabalhou escondida nas sombras, ao lado de terríveis e poderosos homens do Cartel de Sinaloa, incluindo Joaquín "El Chapo" Guzmán e seus filhos.

Espero que jogar uma luz em suas carreiras no narcotráfico ajude a acabar com alguns mitos e estereótipos de gênero sobre a presença de mulheres nos cartéis e a criar novas narrativas e debates a respeito das *patronas* na América Latina.

Enquanto isso, a história das mulheres no crime organizado continua.

# AGRADECIMENTOS

As dinâmicas por trás deste livro e a vontade de escrevê-lo começaram antes que eu me tornasse uma jornalista, quando eu ainda era uma moleca que não se encaixava naquilo que se esperava de mim. Não queria usar vestidos ou maquiagem. Não queria ter cabelo comprido. Não demonstrava nenhum interesse por bonecas. Preferia escrever a costurar ou tricotar, e definitivamente não queria usar salto alto. Como jornalista, preferia cobrir crimes e drogas a negócios e publicidade, áreas nas quais comecei.

Revi alguns itens dessa lista – agora consigo lidar bem com salto alto –, mas ainda sinto, e muito, que as mulheres que decidem nadar contra a maré, apesar de todos os avanços que já fizemos nessa área, ainda sofrem consequências. Mas a experiência de viver a resistência e aguentar os julgamentos que se seguiam conforme minha vida e minha carreira se desenrolavam – e conhecer as pessoas que conheci ao longo do caminho – me levou a escrever este livro, uma experiência que tem me trazido muita satisfação.

O agradecimento mais importante vai para as mulheres – e homens – que me deixaram entrar em suas vidas para observá-las, fazer perguntas, segui-las e compreender melhor o que fazem. São simplesmente muitas para que eu possa mencioná-las aqui, e algumas delas conheci antes de saber que escreveria este livro. Algumas talvez não estejam mais vivas para lê-lo, outras podem não estar nem aí para ele, mas aquelas conversas e os lampejos que tive ao conhecer seus mundos tiveram um profundo impacto sobre mim e sobre como vejo o crime organizado. Para Luz, Marllory, Sebastiana, Guadalupe, Marixa, Yaneth, Digna e todas as mulheres cujos casos dissequei e estudei: espero que vocês possam ver o valor desta iniciativa, apesar de talvez terem se sentido invadidas.

Gostaria de agradecer às pessoas com quem trabalhei na *VICE*. O editor global para assuntos relacionados a drogas, Max Daly, me deu uma chance como escritora autônoma e depois me recomendou para o posto de editora-chefe para a América Latina quando a *VICE World News* foi criada em meio à pandemia da covid-19. Ele respondia a quase todos os meus e-mails e mensagens quando eu era autônoma, nunca desprezou minhas ideias, por mais malucas que fossem, e sempre botou fé nas minhas reportagens. Devo muito a Katie Drummond, Erika Allen e Michael Learmonth, meus chefes e editores, por investirem tanto tempo na série *Patronas*, que foi baseada no livro e publicada em primeira mão como uma amostra na *VICE*, com uma excelente edição de Tim Marchman e Leah Feiger. A Anna Merlan, por me mostrar como escrever para todas as minhas protagonistas nas prisões americanas, e a Juan Pablo Gallón Salazar, por acreditar no projeto.

Ramy Ghaly, do time de segurança da *VICE*, e Sharbil Nammour e Michale Buddle seguraram minha mão virtualmente durante minhas inúmeras viagens pela região para fazer o trabalho de campo para este projeto, no México, na Guatemala, em Honduras e em El Salvador. Eu não teria conseguido sem o apoio e a segurança que a presença virtual deles me deu. A equipe de repórteres com a qual trabalhei – Nathaniel Janowitz, Emily Green, Keegan Hamilton e Luis Chaparro – me impressionou todos os dias da semana, segurou meus pés no chão e me motivou durante minhas pesquisa e o processo de escrita deste livro. Recebi inúmeras dicas e ajuda, e ninguém na *VICE* se incomodou quando parei de editar por um tempo para fazer reportagens, que é o que eu mais amo nesse trabalho. E obrigada, Edgar Jaramillo, dos Estúdios *VICE*, por sempre me apoiar.

A equipe e os diretores da *InSight Crime* – incluindo Jeremy McDermott e Steve Dudley – ajudaram a reforçar minha compreensão sobre o crime organizado na região e me deram dicas preciosas para pensar e gerenciar projetos de longo prazo, desde a sua concepção até a sua publicação. Trabalhar com investigadores de toda a região, tanto os do passado quanto os do presente, me mostrou a importância da colaboração, do sangue novo e da amizade. Laura Ávila, Josefina Salomón, Felipe Puerta, Tristan Clavel, Parker Asmann, Héctor Silva Ávalos e Juan Diego Posada são apenas alguns daqueles com quem tive a honra de trabalhar. O projeto *Narcas* já havia começado a tomar forma durante as muitas viagens de campo que fizemos a alguns dos lugares mais desagradáveis da região, preparando reportagens que exemplificam bem por que eu amo tanto a pesquisa e o jornalismo.

Serei para sempre grata aos meus colegas na região, que trabalharam comigo durante a investigação e me levaram o mais próximo possível de muitas das mulheres neste livro e dos lugares que elas costumavam dominar. Xiomara Orellana e Jorge Acosta em Honduras, Julie López e Fredy Contreras na Guatemala, Bryan Avelar em El Salvador e America Armenta em Sinaloa, no México.

Também devo muito a todas as mulheres da Fundação Internacional das Mulheres na Comunicação Social (IWMF no acrônimo em inglês), que me concederam uma bolsa de 10 mil dólares para que eu me lançasse nas investigações para este livro quando ele não passava de ideias na minha cabeça. Um obrigada especial para Mary Stucky, que sempre acreditou em mim e me ligou para perguntar no que eu estava trabalhando quando o *Narcas* estava se formulando na minha mente. Aquela conversa se transformou na bolsa que iria alterar o curso das coisas. Um enorme obrigada também para Juanita Islas, que cuidou de todo o processo do início ao fim.

Também preciso agradecer a Romain Le Cour e a todos na Noria, que me incluíram em muitas conversas a respeito da guerra do tráfico em andamento na América Latina. A Iniciativa Global contra o Crime Organizado Transnacional (cujo acrônimo em inglês é GI TOC) foi uma grande apoiadora ao longo dos anos, e eu gostaria de mandar um obrigada especial para Siria Gastélum, nascida e criada em Culiacán, Sinaloa, cujo retorno foi fundamental para este trabalho, sobretudo os capítulos sobre o México, e para Tuesday Reitano, que colocou minhas habilidades em jogo.

Eu não poderia ter chegado tão longe sem ter me utilizado do trabalho, do entusiasmo e da postura da historiadora Elaine Carey e da acadêmica Felia Allum, que chamaram a atenção para a presença das mulheres no mundo crime muito antes do que eu. Serei para sempre grata pela minimáfia de mulheres que formamos investigando esse tema.

Tenho a sorte de ter muitos jornalistas entre meus amigos, muitos dos quais passaram horas sentados em cozinhas ou caminhando por ruas e montanhas me ouvindo falar de Marllory, Sebastiana, Luz e todas as mulheres neste livro. Leslie Mazoch, Claudia Daut, Lisa McMunn, Julia Galiano-Rios,Will Grant, Ale Cuellar, Lisette Poole, Lexie Harrison-Cripps, Reed Johnson, Marla Dickerson, Zoe Smith, Juan Sebastián Salamanca e tantos outros. Perdi a conta das pessoas que devem ter ficado entediadas me ouvindo falar sobre *Narcas*, mas serei para sempre grata à força e à boa vontade delas em me ouvir e opinar. Um obrigada especial para minha querida amiga e uma das melhores jornalistas que já conheci, Jo Tuckman, que não está aqui para ler este livro, mas que eu acredito teria gostado muito. As horas que tive a sorte de passar conversando com ela sobre o *Narcas* e as nossas vidas na sua casa na Cidade do México antes de o câncer a roubar de nós e de sua família ficarão para sempre no meu coração.

Um muitíssimo obrigada à minha incansável agente literária, Laura Dail, que me encontrou e cuidou de mim e das minhas ideias apesar do meu ritmo lento e frequentes sugestões de mudanças. Ela nunca desistiu de conseguir tirar uma ideia de dentro de mim, e sete anos se passaram entre nosso primeiro encontro e a publicação deste livro.

Gostaria de agradecer à minha família e aos meus pais, Joe e Josette Bonello, por nunca voltarem as costas para mim, mesmo quando saí da trajetória que garotas maltesas imigrantes devem seguir. À minha irmã caçula, Anthea, por ser uma inspiração para mim, e aos meus irmãos, Andrew e JP, por sempre terem algo a dizer que me faz sorrir.

Por fim, eu não estaria aqui sem Ulises Escamilla Haro, que me mostrou um México que mudou minha vida para sempre, e que me deu Luca e Emiliano: minhas duas luzes brilhantes que me ensinam algo novo todos os dias e fazem com que todo o trabalho duro valha a pena.

# NOTAS

### Introdução

1 Estados Unidos *vs.* Fernandez Valencia, No. 09 CR 383-19 (ND I11. ED, 24 de agosto de 2021). As citações foram retirada da transcrição da audiência para leitura da sentença do caso.

2 *Fernandez Valencia,* 09 CR 383-19, 24 de agosto de 2021, leitura da sentença.

3 Na Espanha e na maioria dos países da América Latina, as pessoas têm dois sobrenomes. O primeiro vem do lado do pai e o segundo, do lado da mãe. Quando as pessoas são mencionadas apenas por um dos sobrenomes, é o que compartilham com o pai. Alfredillo é o diminutivo de Alfredo.

4 Estados Unidos *vs.* Guzman Loera *et al.*, 09 CR 383 (N.D. I11. E.D., 23 de abril de 2015). As citações foram retiradas da transcrição da nona denúncia substitutiva do caso.

5 Keegan Hamilton, El Chapo's Wife Emma Coronel Turned Herself In, *VICE News*, February 25, 2021, https://www.vice.com/en/article/qjp9px/el-chapos-wife-emma-coronel-turned-herself-in.

6 Coletta A. Youngers, Teresa García Castro, and Maria (Kiki) Manzur, Women Behind Bars for Drug Offenses in Latin America: What the Numbers Make Clear, Washington Office on Latin America, November 2020, https://www.wola.org/wp-content/uploads/2020/11/Final--Women-Behind-Bars-Report.pdf.

7 "Brenda", entrevista com a autora na prisão de Pavón, na Cidade da Guatemala, Guatemala, 16 de março de 2021. A pedido dela, seu nome foi alterado para proteger sua identidade.

8 Gloria, entrevista com a autora na prisão de Pavón, na Cidade da Guatemala, Guatemala, 16 de março de 2021. Gloria pediu que seu sobrenome não fosse mencionado.
9 "Maria", entrevista com a autora em Tepito, Cidade do México, 2 de novembro de 2021. Maria foi o único nome que ela forneceu.
10 Abel Jacobo Miller, entrevista com a autora, 22 de maio de 2021.
11 Jacobo Miller, entrevista, 22 de maio de 2021.
12 Tessa, entrevista com a autora, 22 de maio de 2021. Ela pediu que apenas seu primeiro nome fosse usado.
13 *Fernandez Valencia*, 09 CR 383-19, 24 de agosto de 2021, leitura da sentença.
14 Jelisa Castrodale, El Chapo Smuggled Coke Inside Fake Pickled Jalapeño Cans, Witness Testifies, *VICE*, November 28, 2018, https://www.vice.com/en/article/witness-testifies-that-el-chapo-smuggled-coke-inside-fake-pickled-jalapeno-cans/. E também, Alan Feuer, 7 Tons of Cocaine in Jalapeño Cans: The Evidence Against El Chapo, *The New York Times*, April 10, 2018, https://www.nytimes.com/2018/04/10/nyregion/prosecution-evidence-against-el-chapo.html.
15 Deborah Bonello, Women Are Dying for the Narco Wife 'Buchona' Body, *VICE World News*, October 18, 2022, https://www.vice.com/en/article/3adjzw/mexico-buchona-plastic-surgery.
16 Ex-funcionário anônimo do governo, entrevista com a autora, Santa Rosa de Copán, Honduras, 11 de março de 2021. Esse ex-funcionário pediu para não ser identificado.
17 Ex-funcionário anônimo do governo, entrevista, 11 de março de 2021.
18 Mónica Ramírez Cano, entrevista pelo telefone com a autora, 20 de janeiro de 2020.

**Capítulo 1**

1 Juanita, entrevista com a autora, 9 de março de 2021.
2 Ex-funcionário anônimo do governo, entrevista com a autora, Santa Rosa de Copán, Honduras, 11 de março de 2021.
3 Alex Papadovassilakis, Cocaine Spike Puts Spotlight on Honduras Atlantic, *InSight Crime*, April 16, 2021, https://insightcrime.org/news/cocaine-spike-puts-spotlight-on-honduras-atlantic.

4 Emily Green, Tigers, Giraffes, and Drug Lord Mansions: Welcome to Honduras' 'Narco State,' *VICE World News*, July 7, 2022, https://www.vice.com/en/article/honduras-joya-grande-zoo-drug-lord-mansions/.
5 Douglas Farah and Carl Meacham, Alternative Governance in the Northern Triangle and Implications for U.S. Foreign Policy, *Center for Strategic and International Studies and Rowman and Littlefield*, September 2015, 17–20, https://csis-website-prod.s3.amazonaws.com/s3fs-public/legacy_files/files/publication/150911_Farah_AlternativeGovernance_Web.pdf.
6 Farah and Meacham, Alternative Governance, 1.
7 Farah and Meacham, Alternative Governance, 7.
8 James Bosworth, Honduras: Organized Crime Gaining Amid Political Crisis, *Woodrow Wilson International Center for Scholars, Latin American Program*, December 2010, https://www.wilsoncenter.org/sites/default/files/media/documents/event/Bosworth.FIN.pdf.
9 Farah and Meacham, Alternative Governance in the Northern Triangle and Implications for U.S. Foreign Policy, 10 and 19.
10 Farah and Meacham, Alternative Governance in the Northern Triangle and Implications for U.S. Foreign Policy, 19.
11 The official municipal government website for the town of Florida, Copán, Honduras, welcomes visitors on behalf of Mayor Rember Cuestas. Ver https://portalunico.iaip.gob.hn/portal/index.php?portal=78.
12 "Teresa", entrevista com a autora, 11 de março de 2021.
13 Requerente de asilo anônima, entrevista pelo telefone com a autora, 26 de março de 2021. Essa requerente de asilo, que é proveniente de El Espíritu, estava nos Estados Unidos quando conversei com ela.
14 Claudia Torrens, Witness: 'El Chapo' Gave $1M to Honduran president's brother, *Associated Press*, October 7, 2019, https://apnews.com/general-news-c4b420caf3934544ba15a87e5901e70a.
15 Requerente de asilo anônima, entrevista, 26 de março de 2021.
16 Torrens, "Witness."
17 Deborah Bonello, Former Honduran President Just Got Arrested on Cocaine Trafficking Charges, *VICE World News*, February 15, 2022, https://www.vice.com/en/article/xgd5gq/honduras-president-juan-orlando-hernandez-arrested-drug-charges.
18 Mike Vigil, entrevista com a autora, 12 de abril de 2020.

19 Santos Rodríguez Orellana, entrevista com a autora, abril de 2020.

**Capítulo 2**

1 Elaine Carey, entrevista com a autora, 7 de dezembro de 2021.
2 Elaine Carey, Women Drug Traffickers: Mules, Bosses, and Organized Crime (Albuquerque: University of New Mexico Press, 2014).
3 Carey, entrevista, 7 de dezembro de 2021.
4 Dennis Rodgers, entrevista com a autora, 21 de janeiro de 2022. Rodgers é professor e pesquisador no Departamento de Antropologia e Sociologia do Instituto Universitário de Altos Estudos Internacionais em Genebra e possui uma extensa pesquisa sobre gangues na América Latina e na Ásia.
5 Rodgers, entrevista, 21 de janeiro de 2022.
6 Rodgers, entrevista, 21 de janeiro de 2022.
7 Felia Allum, entrevista com a autora, 25 de agosto de 2021.
8 Allum, entrevista, 25 de agosto de 2021.
9 Felia Allum and Irene Marchi, Analyzing the Role of Women in Italian Mafias: The Case of the Neapolitan Camorra, *Qualitative Sociology 41*, No. 3 (August 2018): 361–80, https://link.springer.com/article/10.1007/s11133-018-9389-8.
10 Allum and Marchi, Analyzing the Role of Women in Italian Mafias.
11 Uma promotora anônima com vasta experiência nos Estados Unidos, entrevista com a autora, novembro de 2021.
12 Elaine Carey, entrevista com a autora, 7 de dezembro de 2021.
13 Advogado criminalista americano, entrevista com a autora, 8 de março de 2021. Esse advogado pediu para não ser identificado.
14 Bonnie Klapper, entrevista com a autora, 24 de novembro de 2021.
15 Douglas Farah, entrevista com a autora, 13 de janeiro de 2022. Todas as citações de Farah são dessa entrevista.
16 James Brooke, A Drug Lord Is Buried as a Folk Hero, *The New York Times*, December 4, 1993, https://www.nytimes.com/1993/12/04/world/a-drug-lord-is-buried-as-a-folk-hero.html.
17 Mo Hume, entrevista com a autora, 13 de janeiro de 2022. Hume é professora de política latino-americana na Universidade de Glasgow.
18 Elaine Carey, “Selling Is More of a Habit than Using”: Narcotraficante Lola la Chata and Her Threat to Civilization, 1930–1960, *Journal of*

*Women's History 21*, No. 2 (Summer 2009): 62–89, https://history.msu.edu/files/2010/04/Elaine-Carey2.pdf.

19 Carey, Women Drug Traffickers, Capítulo 4.

20 Carey, Women Drug Traffickers, Capítulo 4.

21 Carey, "Selling is More of a Habit".

22 Carey, "Selling is More of a Habit".

23 Carey, "Selling is More of a Habit".

24 Elaine Carey and José Carlos Cisneros Guzmán, The Daughters of La Nacha: Profiles of Women Traffickers, *NACLA Report on the Americas*, May/June 2011, https://nacla.org/sites/default/files/A04403025_8.pdf.

25 Carey, Women Drug Traffickers, 381–400.

26 No Antiwoman Job Bias in the Narcotics Trade, *The New York Times*, April 22, 1975, https://www.nytimes.com/1975/04/22/archives/no-antiwoman-job-bias-in-the-narcotics-trade.html.

27 No Antiwoman Job Bias, *The New York Times*.

28 Peter Axthelm and Anthony Marrow, The Drug Vigilantes, *Newsweek*, April 16, 1976, citado em Carey, Women Drug Traffickers, Capítulo 5.

29 Carey, Women Drug Traffickers, Capítulo 5.

30 Alan Feuer, El Chapo 'Tried to Kill Me': A Final Witness Confronts the Drug Lord, *The New York Times*, July 17, 2019, https://www.nytimes.com/2019/07/17/nyregion/el-chapo-andrea-velez.html.

31 Carey, Women Drug Traffickers, Capítulo 5.

32 Deborah Bonello, Mexico's Most Famous Female Narco Just Got a New Gig: TikTok Influencer, *VICE World News*, July 22, 2022, https://www.vice.com/en/article/wxnd7m/mexico-female-narco-tiktok-influencer.

33 Jo Tuckman, Queen of the Pacific has Mexico hooked as she faces drug charges, *The Guardian*, October 6, 2007, https://www.theguardian.com/world/2007/oct/06/mexico.

34 Congressional Research Service, Mexico's Drug Cartels, February 25, 2008, https://www.everycrsreport.com/files/20080225_RL34215_6d89146a5fcd867022970d473876f7648f0f2511.pdf.

35 Kyra Gurney, Narco-Mom' Takes Charge of Tijuana Cartel, *InSight Crime*, June 26, 2014, https://insightcrime.org/news/brief/narco-mom-takes-charge-of-tijuana-cartel/.

36 Gurney, 'Narco-Mom' Takes Charge.

**Capítulo 3**

1 Yaneth Del Carmen Vergara Hernández, e-mail para a autora, 2021. Depois de sua primeira resposta por escrito, Vergara Hernández e eu nos correspondemos pelo serviço de e-mail CorrLinks, disponível para comunicação com pessoas encarceradas nas prisões federais americanas, durante 2021 e 2022.

2 Vergara Hernández, e-mail para a autora, 2021.

3 Estados Unidos *vs.* Henry de Jesús López Londoño, No. 10-20763-CR--Graham, 2018 US Dist., (S.D: Cal., 27 de fevereiro de 2018). Essa conversa foi retirada da transcrição do tribunal.

4 U.S. Department of the Treasury, Treasury Sanctions Los Urabenos Leadership, July 23, 2014, https://home.treasury.gov/news/press-releases/jl2577

5 U.S. Attorney's Office, Colombian Drug Kingpin Sentenced to 31 Years in Prison for Drug Trafficking, June 19, 2018, https://www.justice.gov/usao-sdfl/pr/colombian-drug-kingpin-sentenced-31-years-prison--drug-trafficking.

6 U.S. Department of Justice, Leader of Guatemalan Drug Trafficking Organization Sentenced to Life in Prison, February 22, 2018, https://www.justice.gov/opa/pr/leader-guatemalan-drug-trafficking-organization-sentenced-life-prison.

7 Estados Unidos *vs.* Eliu Elixander Lorenzana-Cordon e Waldemar Lorenzana-Cordon, No. 1:03-cr-00331-CCK (D.C. Cir. 2016). Essa conversa foi retirada de uma transcrição de eventos ocorridos no tribunal em 14 de março de 2016.

8 *Lorenzana-Cordon e Lorenzana-Cordon,* 1:03-cr-00331-CKK, 14 de março de 2016.

9 U.S. Department of the Treasury, Treasury Targets Top Guatemalan Drug Trafficker, January 19, 2012, https://home.treasury.gov/news/press-releases/tg1395.

10 Steve Fraga, entrevista pelo telefone com a autora, 3 de agosto de 2021.

11 "Juan", entrevista com a autora, Zacapa, Guatemala, 13 de março de 2021. O nome de Juan foi alterado para proteger sua identidade.

12 "Juan," entrevista, 13 de março de 2021.

13 Hugo Alvarado and Byron Vásquez, Marllory Chacón busca salir de lista negra, *Prensa Libre*, May 23, 2014, https://www.prensalibre.com/guatemala/justicia/marllory-chacon-capturada-se-encuentra-ee--uu-01142885889/.

14 Steven Dudley, Guatemala's Mafia State and the Case of Mauricio López Bonilla, *InSight Crime*, December 15, 2016, https://insightcrime.org/investigations/guatemala-mafia-state-case-of-lopez-bonilla.

15 U.S. Department of the Treasury, Treasury Targets Top Guatemalan Drug Trafficker.

16 Apoyo multitudinario a los Lorenzana, *Prensa Libre*, July 25, 2009, video, 0:14/2:07, https://www.youtube.com/watch?v=0Nf0PTp8ZzM.

17 *Lorenzana-Cordon e Lorenzana-Cordon,* 1:03-cr-00331-CKK, 8 de março de 2016. As descrições de Sebastiana neste capítulo do incidente ocorrido na casa de Don Walde, em La Reforma, bem como suas consequências, foram retiradas de uma transcrição de eventos desse caso ocorridos no tribunal.

18 *Doña* é um modo respeitoso de se dirigir a uma mulher, e *Tana* é o apelido de Sebastiana.

19 Deborah Bonello, How a Single Mom Became the Boss of Guatemala's Drug Lords, *VICE World News*, October 26, 2021, https://www.vice.com/en/article/88nzj5/guatemala-drug-lord-bosses-cotton-vasque-z-chacon-rossell.

20 Estados Unidos *vs.* Sebastiana Hortencia Cottón Vásquez e Oliverio Fernando Paleaz Solano, No. 1:14-CR-20557-MGC-1M (D.C. Fla. S.D., 14 de outubro de 2015). As descrições feitas por Sebastiana são excertos das transcrições da sua leitura de sentença.

21 Criminoso anônimo rival de Sebastiana Cottón Vásquez, entrevista com a autora, Cidade da Guatemala, 17 de março de 2021.

22 *Cottón Vásquez e Paleaz Solano,* 1:14-CR-20557-MGC-1M, 14 de outubro de 2015. Retirado das transcrições da audiência para leitura da sentença.

23 Sebastiana Hortencia Cotton Vásquez "Doña Tana", Personas de Interes (2014), *OCCRP Aleph*, https://aleph.occrp.org/entities/26447253d631c29fcc73d458cfb1f4f9c05cd9f.5d7415800a0b39fa84e-118df831b00421d8275c0. OCCRP Aleph é um arquivo global de material de pesquisa para reportagens investigativas.

24 U.S. Department of Justice, Leader of Guatemalan Drug Trafficking.

25 *Cottón Vásquez e Paleaz Solano,* 1:14-CR-20557-MGC-1M, 14 de outubro de 2015. Retirado das transcrições da audiência para leitura da sentença.

26 *Cottón Vásquez e Paleaz Solano,* 1:14-CR-20557-MGC-1M, 14 de outubro de 2015.

27 *Cottón Vásquez e Paleaz Solano,* 1:14-CR-20557-MGC-1M, 14 de outubro de 2015.

28 Estados Unidos *vs.* Yaneth Del Carmen Vergara Hernández, No. 14-20557-cr-Cooke (D.C. Fla. S.D.).

29 David Gagne and Steven Dudley, Following Sentence, Intrigue around Guatemala's 'Queen' Turns Political, *InSight Crime*, May 7, 2015, https://insightcrime.org/news/analysis/guatemala-drug-trafficking--queen-sentenced-in-us-court.

30 Bonello, How a Single Mom Became the Boss.

31 Ministério da Justiça e da Lei, Colômbia, resolução executiva número 072, 2015 [*Resolución ejecutiva número 072 de 2015, por la qual se decide sobre una solicitud de extradición*], 11 de maio de 2015. Essa resolução é uma decisão sobre um pedido de extradição.

32 Criminoso anônimo rival de Sebastiana, entrevista, 17 de março de 2021.

**Capítulo 4**

1 Isabel, entrevista com a autora, 16 de novembro de 2021.

2 Steven Dudley, Héctor Silva Ávalos, and Juan José Martínez, MS13 in the Americas: How the World's Most Notorious Gang Defies Logic, Resists Destruction (Washington, DC: InSight Crime and the Center for Latin American and Latino Studies, American University, 2018), 3, https://insightcrime.org/wp-content/uploads/2018/02/MS13-in--the-Americas-InSight-Crime-English-3.pdf.

3 Dudley, Silva Ávalos, and Martínez, MS13 in the Americas, 15.

4 David Gagne, InSight Crime's 2016 Homicide Round-up, *InSight Crime*, January 16, 2017, https://insightcrime.org/news/analysis/insight-crime-2016-homicide-round-up.

5 Elijah Stevens, El Salvador Attorney General: Two-Thirds of Homicides Gang-Related, *InSight Crime*, December 2, 2015, https://insightcrime.

org/news/brief/el-salvador-attorney-general-two-thirds-of-homicides-gang-related/.

6 Sonja Wolf, troca de e-mails com a autora, dezembro de 2021.

7 Deborah Bonello, Women in Guatemala: The New Faces of Extortion?, *InSight Crime*, April 26, 2019, https://insightcrime.org/investigations/women-guatemala-new-faces-extortion-2.

8 Marcela Gereda, Carolina Escobar Sarti, José Manuel Ramírez, and Misael Castro, Violentas y violentadas: Relaciones de género en las maras Salvatrucha y Barrio 18 del triángulo norte de Centroamérica (Geneva: Interpeace, 2013), https://idl-bnc-idrc.dspacedirect.org/bitstream/handle/10625/50910/IDL-50910.pdf.

9 Jamie Stockwell, In MS-13, a Culture of Brutality and Begging, *The Washington Post*, May 2, 2005, https://www.washingtonpost.com/archive/politics/2005/05/02/in-ms-13-a-culture-of-brutality-and-begging/757a75a7-d40844d5-91e6-80881c490dcd/.

10 Stockwell, In MS-13, a Culture of Brutality.

11 Terry Frieden, Two Convicted, Two Acquitted in Suburban Virginia Street Gang Trial, *CNN.com*, May 17, 2005, https://edition.cnn.com/2005/LAW/05/17/ms13.trial.verdicts/index.html.

12 Daniel Schorn, The Fight Against MS-13, 60 Minutes, *CBS News*, December 1, 2005, https://www.cbsnews.com/news/the-fight-against-ms-13.

13 Samuel Logan, This Is for the Mara Salvatrucha: Inside the MS-13, America's Most Violent Gang (New York: Hyperion, July 2009); Samuel Logan, This Is for the Mara Salvatrucha: Inside the MS-13, America's Most Violent Gang, *Immigration Daily*, August 24, 2009, https://ilw.com/articles/2009,0824-logan.shtm.

14 Juan José Martínez, entrevista com a autora, novembro de 2021. Martínez documentou as gangues de El Salvador por décadas. Também entrevistei por telefone outro especialista, ex-membro da MS-13, que pediu para não ser identificado, 7 de dezembro de 2021.

15 Martínez, entrevista, novembro de 2021.

16 Dudley, Silva Ávalos, and Martínez, MS13 in the Americas, 26.

17 Dudley, Silva Ávalos, and Martínez, MS13 in the Americas, 26.

18 Juan Martínez d'Aubuisson, Así viven y mueren las mujeres pandilleras en El Salvador, *Factum*, March 11, 2016, https://www.revistafactum.com/asi-viven-y-mueren-las-mujeres-pandilleras-en-el-salvador.
19 Martínez d'Aubuisson, Así Viven y mueren las mujeres pandilleras.
20 Martínez d'Aubuisson, Así Viven y mueren las mujeres pandilleras.
21 US Institute of Diplomacy and Human Rights (USIDHR), Tackling Violence Against Women in The Northern Triangle of Central America (NTCA), November 14, 2021, https://usidhr.org/tackling-violence-against-women-in-the-northern-triangle-of-central-america-ntca.
22 USIDHR, Tackling Violence.
23 "Adriana", entrevista com a autora, 18 de novembro de 2021. Conversei com Adriana em San Salvador, El Salvador. Seu nome foi alterado para proteger sua identidade.
24 "Juan", entrevista com a autora, 18 de novembro de 2021. Conversei com Juan em San Salvador, El Salvador. Seu nome foi alterado para proteger sua identidade.
25 Documentos da procuradoria-geral de El Salvador descrevendo, em linhas gerais, relatos de testemunhas e evidências apreendidas relacionadas ao caso de Esmeralda e seus comparsas, acessados em sua sede em San Salvador, El Salvador, em novembro de 2021.
26 Martínez, entrevista, novembro 2021.
27 Sonja Wolf, troca de e-mails com a autora, dezembro de 2021.
28 Wolf, troca de e-mails, dezembro 2021.
29 Wolf, troca de e-mails, dezembro 2021.
30 Wolf, troca de e-mails, dezembro 2021.
31 Documentos da procuradoria-geral de El Salvador, acessados em sua sede em San Salvador, El Salvador, novembro de 2021.
32 Documentos da procuradoria-geral de El Salvador, acessados em novembro de 2021.
33 Documentos da procuradoria-geral de El Salvador, acessados em novembro de 2021.
34 World Bank Group, Poverty & Equity Brief, Latin America & the Caribbean: El Salvador, April 2021, https://databank.worldbank.org/data/download/poverty/987B9C90-CB9F-4D93-AE8C-750588BF00QA/AM2020/Global_POVEQ_SLV.pdf.

35 Documentos da procuradoria-geral de El Salvador, novembro de 2021.
36 Documentos da procuradoria-geral de El Salvador, novembro de 2021.

**Capítulo 5**

1 Coletta A. Youngers, Teresa García Castro, and Maria (Kiki) Manzur, Women Behind Bars for Drug Offenses in Latin America: What the Numbers Make Clear (Washington, DC: WOLA, 2020), 6–8, https://www.wola.org/wp-content/uploads/2020/11/Final-Women-Behind-Bars-Report.pdf.
2 Youngers, García Castro, and Manzur, Women Behind Bars for Drug Offenses in Latin America, 9.
3 Youngers, García Castro, and Manzur, Women Behind Bars for Drug Offenses in Latin America, 6; 10–14.
4 Residentes de Ciudad Pedro de Alvarado, Moyuta, Guatemala, entrevista com a autora, março de 2021. Aqueles com quem conversei pediram para não serem identificados por motivos de segurança. Ademais, o promotor antidrogas da Guatemala na época, Gerson Alegría, confirmou essa informação durante uma entrevista com a autora na Cidade da Guatemala, em 18 de março de 2021. Também conversei com esses moradores sobre o que aconteceu no Hotel Los Cuernos.
5 Alex Papadovassilakis and Héctor Silva Ávalos, A Mayor and a Wave of Narco Violence on Guatemala's Pacific, *InSight Crime*, January 29, 2021, https://insightcrime.org/investigations/mayor-narco-violence-guatemala-pacific.
6 Ministerio Público, Guatemala, Presuntos secuestradores capturados, April 16, 2014, https://www.mp.gob.gt/noticia/presuntos-secuestradores-capturados/.
7 Ministerio Público, Guatemala, Presuntos secuestradores, April 16 2014.
8 Gerson Alegría, entrevista com a autora, 18 de março de 2021, Cidade da Guatemala.
9 Roberto Marroquín Fuentes, entrevista com a autora via Zoom, 30 de agosto de 2021.

10 Jimmy Morales, o então presidente da Guatemala, postou um tweet, em 26 de maio de 2017: "Graças à coordenação eficiente [das forças de segurança], Marixa Lemus 'La Patrona' foi capturada". Tradução da autora do original em espanhol: "Gracias a la eficiente coordinación entre los equipos de Mingob, PNC y autoridades de El Salvador, se captura a Marixa Lemus 'La Patrona'": https://twitter.com/jimmymoralesgt/status/867803548851077120.

11 Miguel Barrientos, Hermano del alcalde de Moyuta es capturado en El Salvador por narcotráfico, *Prensa Libre*, May 31, 2017, https://www.prensalibre.com/guatemala/justicia/hermano-del-alcalde-moyuta-es-capturado-en-el-salvador-por-narcotrafico.

12 Alan Ajiatas, entrevista com a autora, 18 de março de 2021, Cidade da Guatemala.

**Capítulo 6**

1 Natalia Reyes, entrevista com a autora, 20 de março de 2022.

2 Anabel Hernandez, Murder, torture, drugs: Cartel kingpin's wife says that's not the 'El Chapo' she knows, *Los Angeles Times*, February 21, 2016, https://www.latimes.com/world/mexico-americas/la-fg-el-chapo-wife-20160221-story.html.

3 Tom Phillips, Mexican president ignores coronavirus restrictions to greet El Chapo's mother, *The Guardian*, March 30, 2020, https://www.theguardian.com/world/2020/mar/30/andres-manuel-lopez-obrador-el-chapo-mother-mexico.

4 Sara Bruna Quiñónez Estrada, entrevista com a autora, fevereiro 2022. Quiñónez Estrada é a procuradora-geral de Sinaloa.

5 Janet Martínez Quintero, entrevista com a autora, Sinaloa, México, 28 de fevereiro de 2022.

6 Brenda, entrevista com a autora, Sinaloa, México, 28 de fevereiro de 2022. Brenda me pediu que eu não usasse seu sobrenome.

7 María Teresa Guerra Ochoa, entrevista com a autora em Sinaloa, México, 19 de fevereiro de 2022. Guerra Ochoa é diretora da Secretaria das Mulheres.

8 Dra. Rafaela Martínez Terrazas, entrevista com a autora, Sinaloa, México, 22 de fevereiro de 2022.

9 Deborah Bonello, Women Are Dying for the Narco Wife 'Buchona' Body, *VICE World News*, October 18, 2022, https://www.vice.com/en/article/3adjzw/mexico-buchona-plastic-surgery.

10 Muere mujer en Culiacán tras hacerse mini-lipo; había entrado a una cundina [A woman dies in Culiacán after getting a mini-lipo treatment; she was part of a pyramid scheme], *El Sol de Sinaloa*, March 4, 2022, https://www.elsoldesinaloa.com.mx/policiaca/muere-mujer-en-culiacan-tras-hacerse-mini-lipo-habia-entrado-a-una-cundina-7945535.html. Título do artigo traduzido pela autora.

11 Bonello, Women Are Dying.

12 Michael Daly, She Was the Cartel's Top Assassin. And Then Her Boyfriend Turned Her In, *Daily Beast*, September 29, 2015, https://www.thedailybeast.com/she-was-the-cartels-top-assassin-and-then-her-boyfriend-turned-her-in.

13 Adolescente de 15 años se mata en Sinaloa con subametralladora al grabar video en TikTok [15-year-old adolescent kills herself in Sinaloa with a submachine gun as she recorded a video for TikTok], *Revista Proceso*, January 28, 2022, https://www.proceso.com.mx/nacional/2022/1/28/adolescente-de-15-anos-se-mata-en-sinaloa-con-subametralladora-al-grabar-video-en-tiktok-279981.html.

14 Siria Gastélum, entrevista com a autora, 25 de fevereiro de 2022.

15 Quiñónez Estrada, entrevista, fevereiro 2022.

16 Morador local anônimo, entrevista com a autora, Sinaloa, México, fevereiro 2022. O morador pediu para não ser identificado.

17 Emily Saul and Ruth Brown, El Chapo's wife laughs as his mistress weeps on the stand, *New York Post*, January 17, 2019, https://nypost.com/2019/01/17/el-chapos-wife-laughs-as-his-mistress-cries-on-the-stand.

18 Mike Vigil, entrevista com a autora, julho 2019. Vigil foi o chefe de operações internacionais do DEA no México por treze anos.

19 Bonnie Klapper, entrevista com a autora, 29 de janeiro de 2022.

20 Keegan Hamilton, El Chapo's Wife Emma Coronel Turned Herself In, *VICE News*, February 25, 2021, https://www.vice.com/en/article/qjp9px/el-chapos-wife-emma-coronel-turned-herself-in.

21 María Isabel Cruz Bernal, entrevista com a autora, 18 de fevereiro de 2022.

22 United Nations Office of the High Commissioner for Human Rights, Press Conference following the visit of the Committee on Enforced Disappearances to Mexico, November 26, 2021, https://www.ohchr.org/en/statements/2021/11/press-conference-following-visit-committee-enforced-disappearances-mexico.

23 Micaela Varela, La Administración de López Obrador acumula más de 21.500 personas desaparecidas [The Administration of López Obrador accumulates 21,500 missing people], *El País*, July 8, 2021, https://elpais.com/mexico/2021-07-08/la-administracion-de-lopez-obrador-acumula-mas-de-21500-personas-desaparecidas.html. Título traduzido pela autora.

24 Mirtha Mendoza, entrevista com a autora, Sinaloa, México, 26 de fevereiro de 2022.

25 Abel Jacobo Miller, entrevista com a autora, 22 de maio de 2021.

26 Maria López, entrevista com a autora, maio de 2021. Maria López é um pseudônimo.

27 Kathleen, entrevista com a autora, Sinaloa, México, 22 de maio de 2021. Ela pediu que seu sobrenome não fosse usado.

28 Ana Jacobo, entrevista com a autora, Sinaloa, México, maio de 2021.

**Capítulo 7**

1 Estados Unidos *vs*. Luz Irene Fajardo Campos, No. 1:16-cr-00154-KBJ (D.C. Cir. 2021). Meu relato sobre o sequestro dos irmãos Avilés Fajardo é baseado no que foi dito pelo advogado criminalista de Luz Fajardo Campos e por ela mesma durante as argumentações finais antes de ser sentenciada em 27 de julho de 2021, como registrado nas transcrições desse caso. Também é baseado em minha entrevista com o pai de Fajardo Campos, Ignacio Fajardo Arroyo, em Culiacán, Sinaloa, em 25 de maio de 2021. Fajardo Campos tinha pelo menos três filhos que trabalhavam com ela nos negócios de tráfico de drogas: Eduardo Luis Avilés Fajardo, Francisco Ruben Avilés Fajardo e Sixto Benerando Avilés Fajardo, de acordo com documentos judiciais. Não está claro quais dois dos três filhos foram mortos naquele dia na estrada.

2 *Fajardo Campos*, 1:16-cr-00154-KBJ, 12 de dezembro de 2019, julgamento por júri.

3 Deborah Bonello, This Woman Ran Her Own Mexican Drug Cartel—and It Ended Very Badly, *VICE World News*, July 29, 2021, https://www.vice.com/en/article/this-woman-ran-her-own-mexican-drug-cartel-and-it-ended-very-badly/.

4 *Fajardo Campos*, 1:16-cr-00154-KBJ, 27 de julho de 2021, audiência de fixação da pena.

5 *Fajardo Campos*, 1:16-cr-00154-KBJ, 27 de julho de 2021, audiência de fixação da pena.

6 *Fajardo Campos*, 1:16-cr-00154-KBJ, 27 de julho de 2021. Juiz John D. Bates durante a audiência de fixação da pena. Retirado das transcrições do tribunal.

7 Keegan Hamilton, El Chapo's Son Was Just Captured—Then Freed After the Cartel Attacked, *VICE News*, October 17, 2019, https://www.vice.com/en/article/confirmed-el-chapos-son-captured-amid-gun-fights-and-chaos-in-sinaloa-mexico/.

8 Quando a escrita deste livro estava prestes a ser terminada, somente no primeiro semestre de 2022 oito jornalistas foram assassinados no México, uma triste tendência que o país vem apresentando há décadas. O Comitê de Proteção de Jornalistas (CPJ) e outras ONGs fornecem as informações mais atualizadas sobre a violência contra jornalistas no México. Visite https://cpj.org/americas/mexico/ para mais informações.

9 Ignacio Fajardo Arroyo, entrevista com a autora, Culiacán, Sinaloa, México, 25 de maio de 2021.

10 *Fajardo Campos*, 1:16-cr-00154-KBJ, 16 de dezembro de 2019, julgamento por júri.

11 *Fajardo Campos*, 1:16-cr-00154-KBJ, 16 de dezembro de 2019, julgamento por júri.

**Conclusão**

1 Estados Unidos *vs.* Marta Julia Lorenzana-Cordon, (D.C. Cir. 2019), Caso 1:20-cr-00133-CKK. Documento da denúncia datado de 6 de dezembro de 2019.

2 U.S. Department of Justice, Leader of Guatemalan Drug Trafficking Organization Sentenced to Life in Prison, February 22, 2018, https://www.

justice.gov/opa/pr/leader-guatemalan-drug-trafficking-organization--sentenced-life-prison.

3 Ex-agente do DEA que pediu anonimato, entrevista por telefone com a autora, 15 de fevereiro de 2022. Esse agente trabalhou no caso de Marta Julia Lorenzana-Cordon.

4 U.S. Department of Justice, Former Leader of Honduran Cocaine Trafficking Organization Sentenced to 37 Years in Prison, April 5, 2019, https://www.justice.gov/opa/pr/former-leader-honduran-cocaine--trafficking-organization-sentenced-37-years-prison.

5 BBC News Mundo, Quién es Herlinda Bobadilla "la Chinda", la poderosa líder del clan Montes Bobadilla arrestada en Honduras, May 16, 2022, https://www.bbc.com/mundo/noticias-america-latina-61468942.

# ÍNDICE REMISSIVO

**Acreditamos**
**nos livros**

Este livro foi composto em Utopia Pro
e impresso pela Lis Gráfica para a Editora
Planeta do Brasil em dezembro de 2024.